By Tobispartan (Leonardo Gudiño)

ZONE BLACK
Manual de Dibujo

Linea
Dinámica

La linea Dinámica, como su nombre lo indica, hace que nuestro trabajos se vean más dinámicos; o lo que es lo mismo, con movimientos.

En esta guía, encontraras una clase muchas veces vista pero no tomada en consideración como especifica.

La razon es que se hizo importante que tengas esta clase muy en cuenta para este tema y asi poder ayudarte mas en el manejo y movimiento de tus personajes eh incluso en algunos escenarios.

La linea dinámica debes de aplicarla en todo para que tus trabajos tengan mayor calidad. Sigue buscando los demás manuales para que complementes tus conocimientos y los apliques adecuadamente.

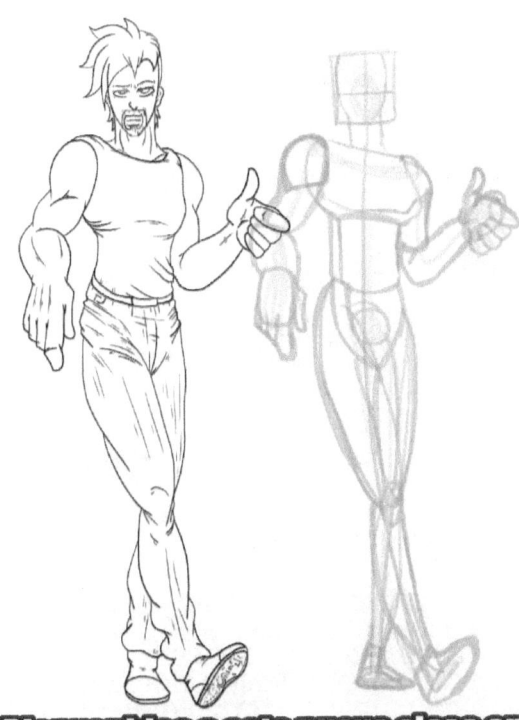

Sean Bienvenidos a esta nueva clase en la que
analizaremos a fondo el movimiento de la figura
y como es afectado por la personalidad y
el caracter.

Es importante mencionar que para la correcta
aplicacion del movimiento es necesario conocer
a fondo la estructura de la figura, incluida
por supuesto la humana.

Te pedimos consultes los anteriores o
proximos manuales y libros
del autor que son referentes al dibujo para
cualquier duda sobre la anatomia.

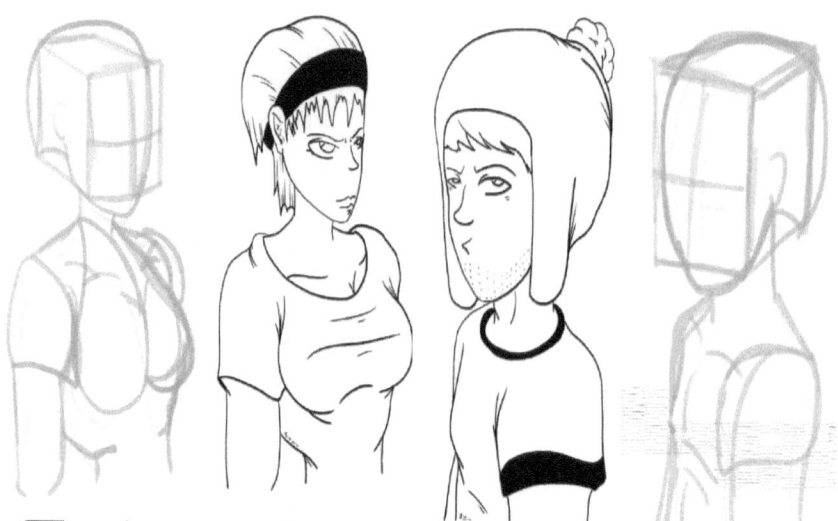

Estructura

Recordemos que la estructura es la representación
geométrica de lo que vamos a dibujar. Ésta definirá
las proporciones de los cuerpos y el volumen,
recuerda usar líneas guías para cuidar la simetría
del cuerpo humano y es importante que ubiques
las líneas medias del cuerpo, tanto por detrás
(columna vertebral) como por delante (pecho,
abdomen, etcétera).

Todo estilo tiene una base diferente, sin embargo
para poder deformar a gusto la estructura debe
conocerse muy bien la proporción real de las
cosas. Estudia todo lo que tengas alrededor
y trata de visualizar su estructura.

Estos son unos ejercicios simples
para comenzar a emplear la línea
de movimiento. Empezaremos a formar
algunas líneas de movimiento simples.

Comenzamos boceteando un poco para dar forma
al dibujo (¡no definan!)

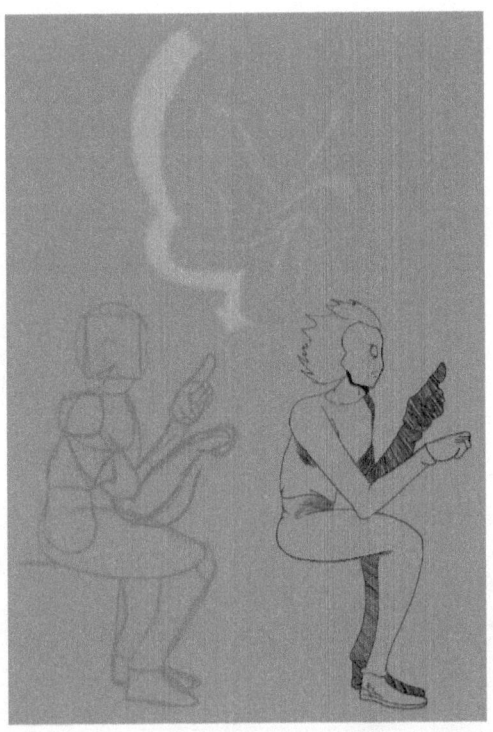

Línea de movimiento

Es la que nos da la espectacularidad del movimiento que queremos representar, o la apatía del personaje.

La línea de movimiento o línea dinámica marca el camino que debe de llevar la columna vertebral y a partir de ella ubicamos los elementos restantes de la figura: Tórax, Pelvis, Etcétera. Muchas veces también nos marca la correcta colocación de las extremidades.

En esta figura vemos un hombre sentado en perfil en el que se puede ver la curvatura de la línea de movimiento dando la sensación de comodidad.

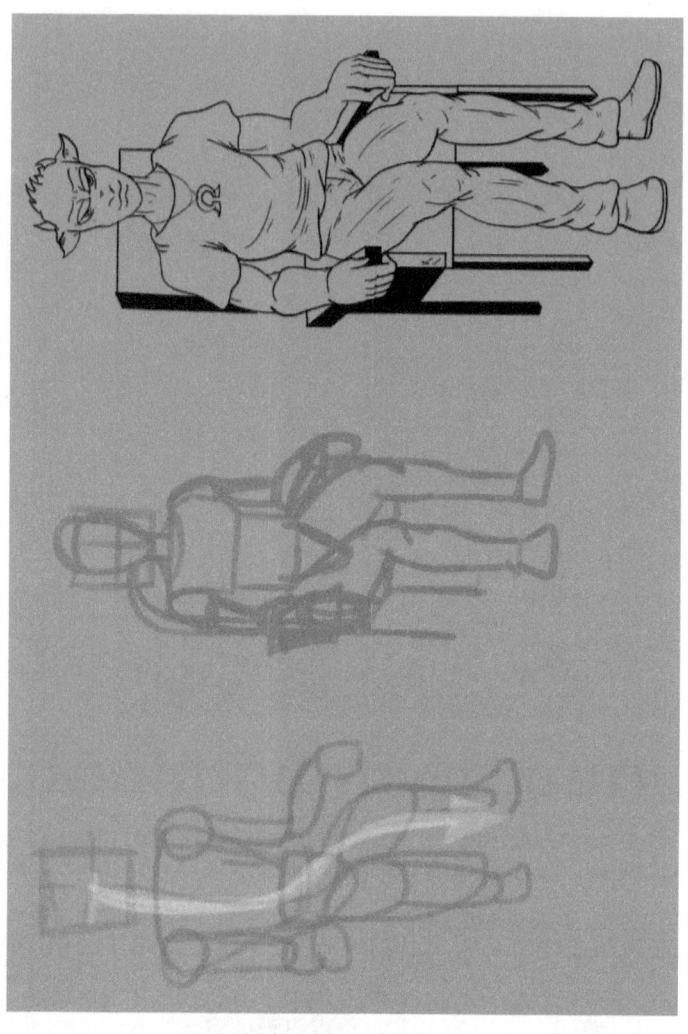

Estudia este mismo efecto en esta figura de 3/4.

No debe de ser demasiado serpenteante ni tan angulada, toma en cuenta el movimiento de la columna para que sepas hasta donde puede llegar.

6

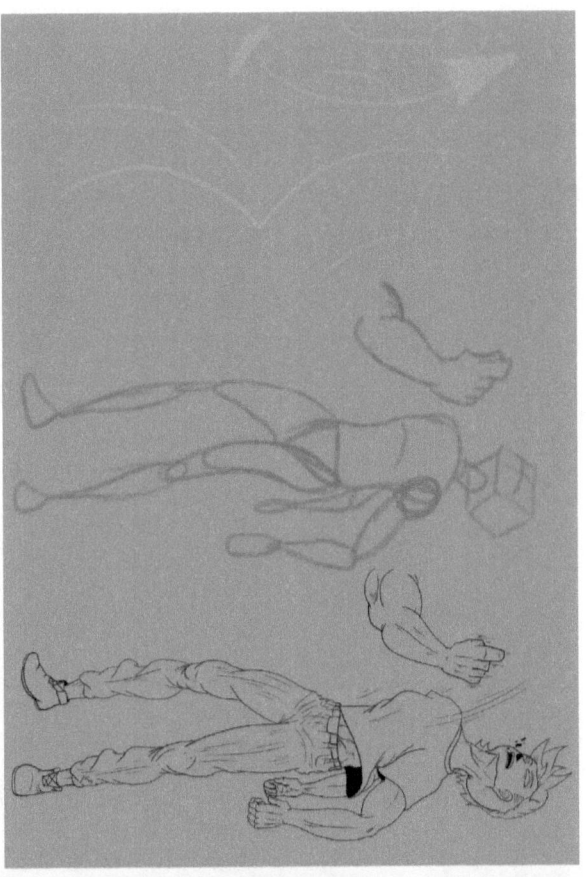

En el cómic de super héroe la espectacularidad es importante por lo que todos los personajes deben tener línea dinámica diferente, de acuerdo a la psicología del personaje.

Puedes usar tres o cuatro líneas dinámicas que marquen la acción para ti. Así tienes el balance del personaje y su percepción.

Aquí vemos un golpe sin emoción, su línea de movimiento no es tan curva y la impresión del golpe es simplona.

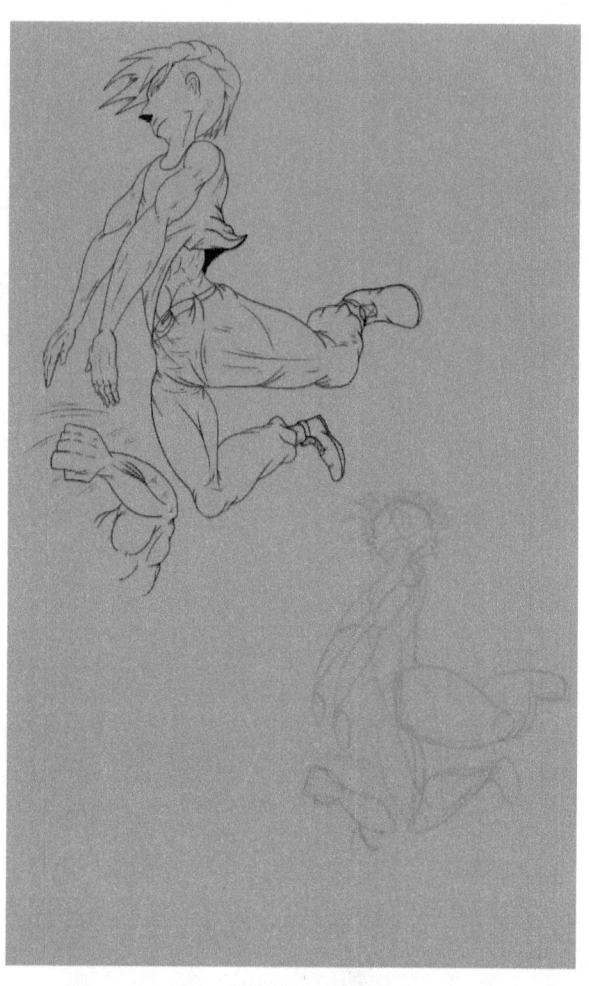

Aquí, en cambio vemos el mismo golpe pero
la línea de movimiento es mucho mas curva,
así que la acción de movimiento es mas llamativa.

Observa la interacción de brazos y piernas que
enfatizan el dinamismo.

Ahora vemos un intento de super héroe corriendo hacia una emergencia, lo malo es que su linea dinámica es casi vertical, en consecuencia su movimiento es muy lento y para la acción de un super heroe no sirve.

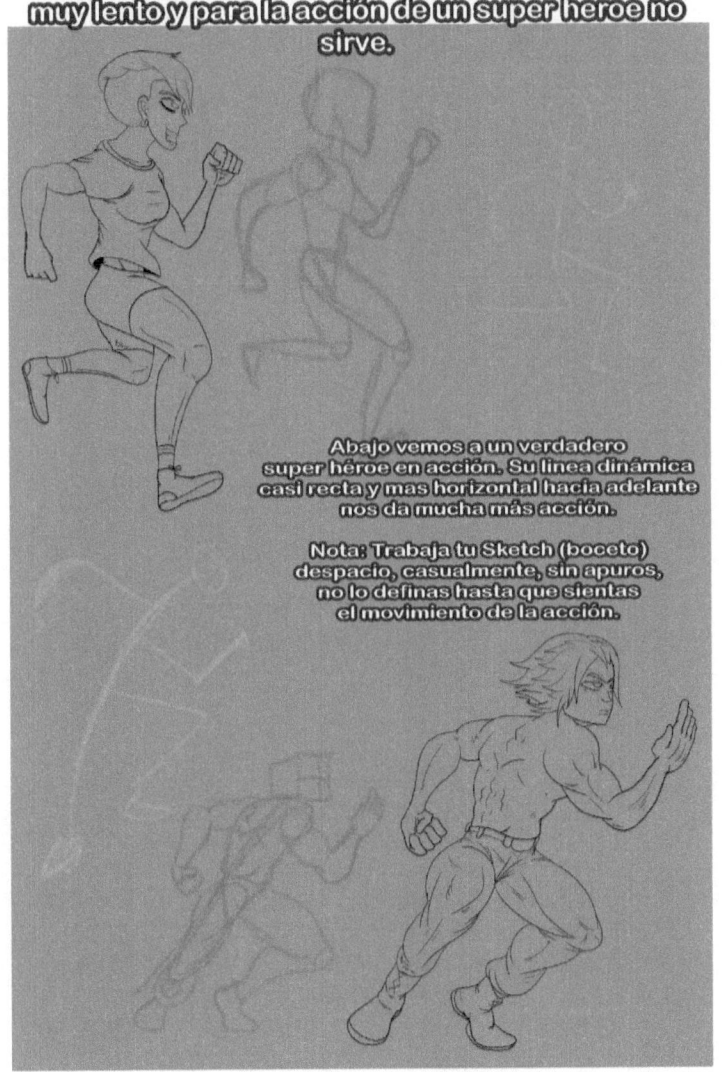

Abajo vemos a un verdadero super héroe en acción. Su linea dinámica casi recta y mas horizontal hacia adelante nos da mucha más acción.

Nota: Trabaja tu Sketch (boceto) despacio, casualmente, sin apuros, no lo definas hasta que sientas el movimiento de la acción.

La linea de movimiento en los niños es mas facil, ya que ellos son mas despreocupados y no se molestan en hacer poses muy impactantes.

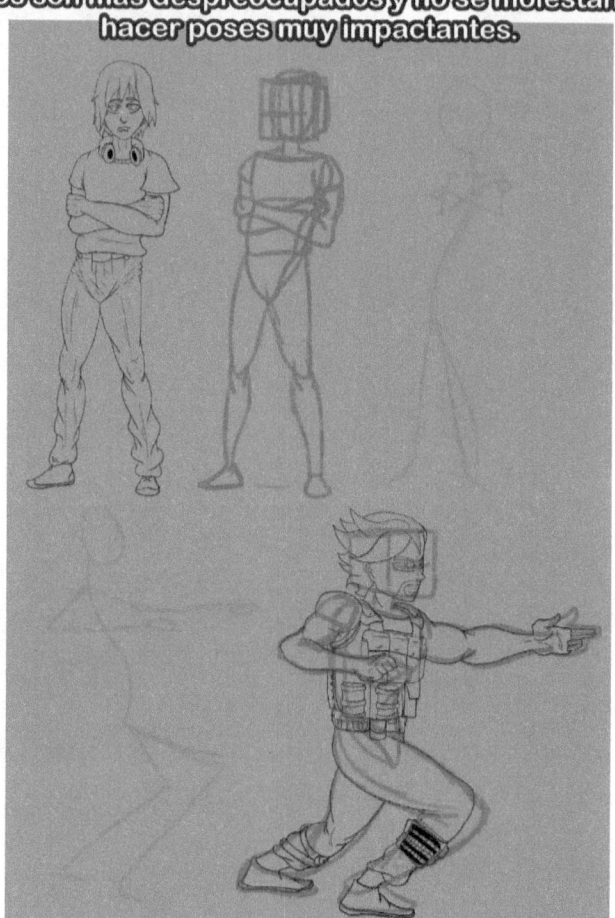

A los niños más rudos dales faciones mas duras y un aspecto mas agresivo. Su linea dinamica es curva, indicando su tendencia a hacer maldades, en este caso coloque una barba por lo que no es tan infantil en apariencia pero esto sirve para personajes inmaduros en comportamiento.

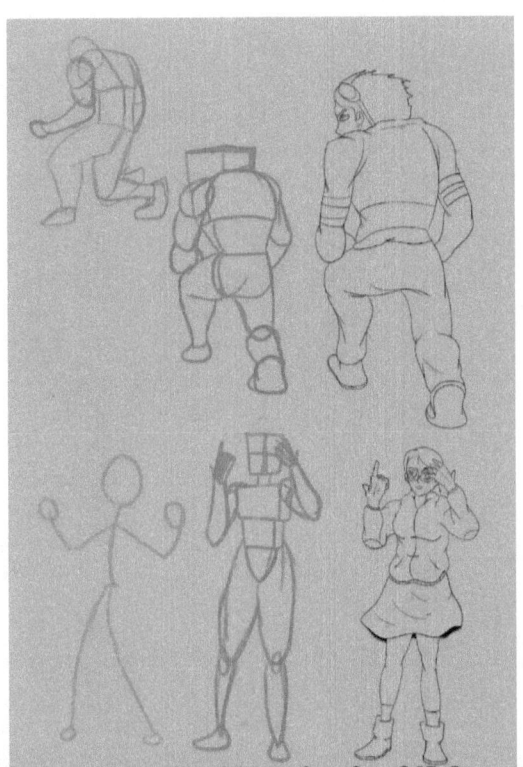

Hay diferentes tipos de niños, desde el típico nerd hasta
los abusones, pasando por los preocupados, los
populares, etcétera.

Checa en estos ejemplos los lados opuestos de la actitud
de un niño y estudia cómo se acoplan los elementos
de la estructura a la linea dinámica para hacer
tus ejercicios.

Dales características típicas como la clasica mochila
llena de libros, lentes y uniforme escolar a un chavo
"matado" y mueve la linea dinámica ligeramente curva
para darle el efecto que carga algo pesado.

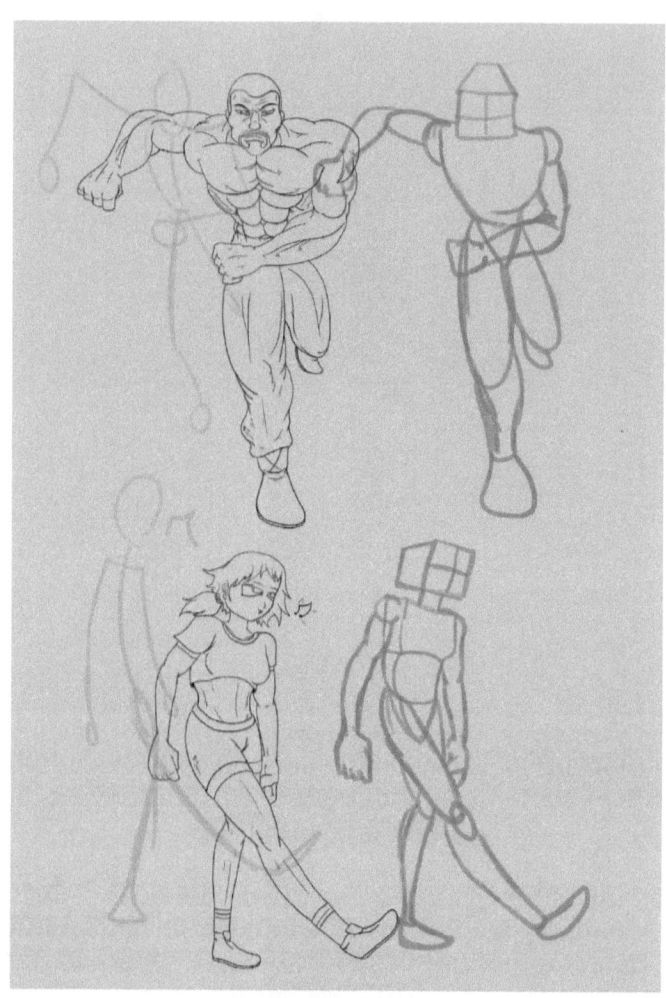

Para correr, siempre se echa el cuerpo hacia delante para tomar más velocidad y los brazos se mueven agitadamente a los lados. en cambio cuando caminamos despreocupadamente el cuerpo descansa su peso sobre las piernas, arqueando ligeramente la espalda.

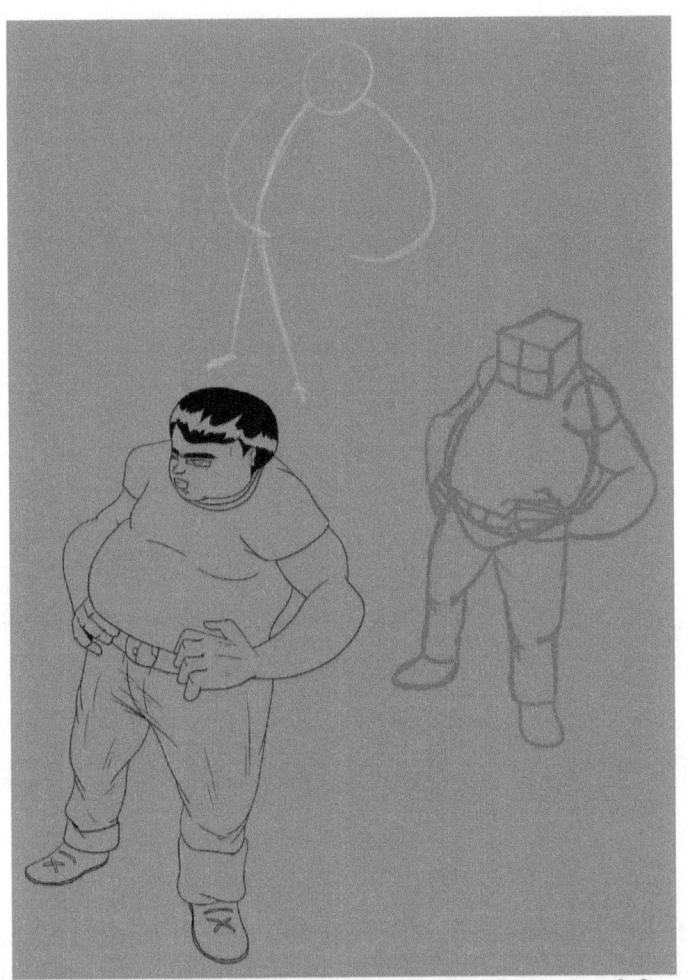

Aquí vemos a un personaje con porte de super héroe:
la pelvis hacia delante, los brazos en la cintura,
la mirada de "luchemos por la justicia"; sin embargo,
el volumen de su cuerpo y estilo de ropa lo hubican
invariadamente como un chavo que defiende a sus
compañeros y amigos de los tipos malos.

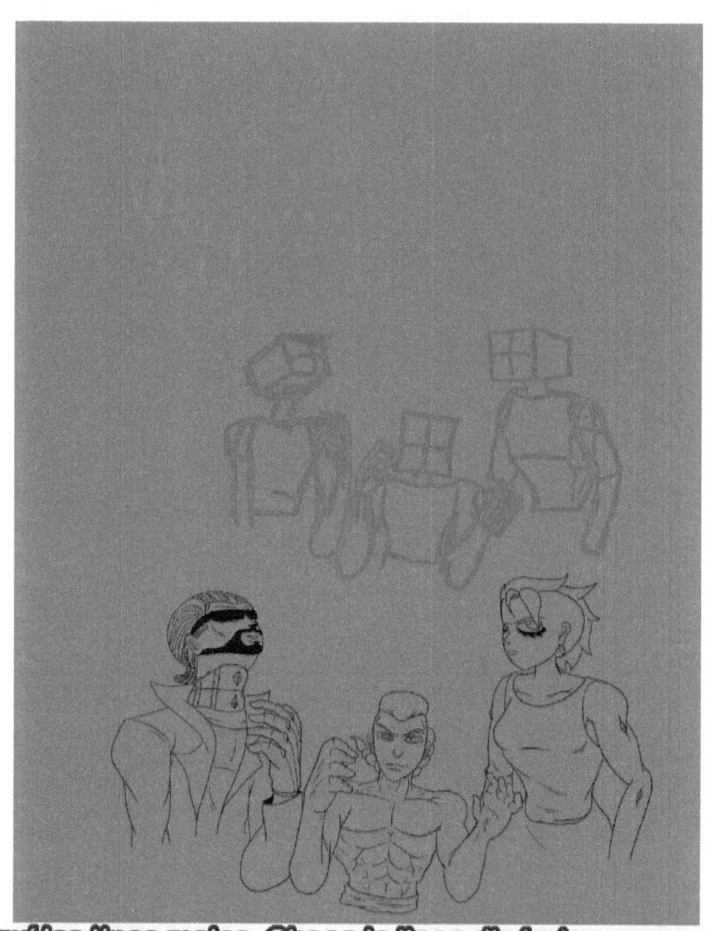

Aquí los tipos malos. Checa la línea dinámica arqueada en los tres, el detalle de las mandíbulas inferiores muy grandes y echadas hacia delante les da un toque de maldad infantil y las características individuales como el corte de pelo, la ropa, la mirada y el volumen de su cuerpo resaltan su personalidad "maligna". Las manos dan mas realismo a la actitud, no lo olvides.

14

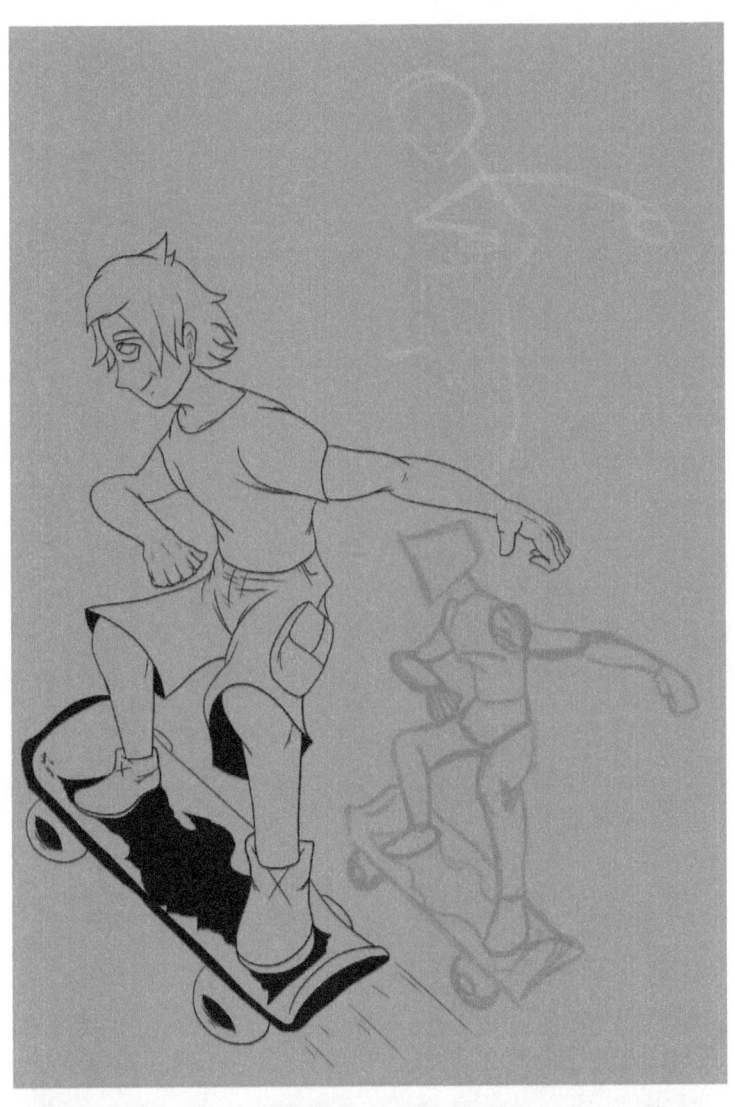

Al contrario, los niños deportivos tienen una línea dinamica más recta, que nos da la idea de más vitalidad.

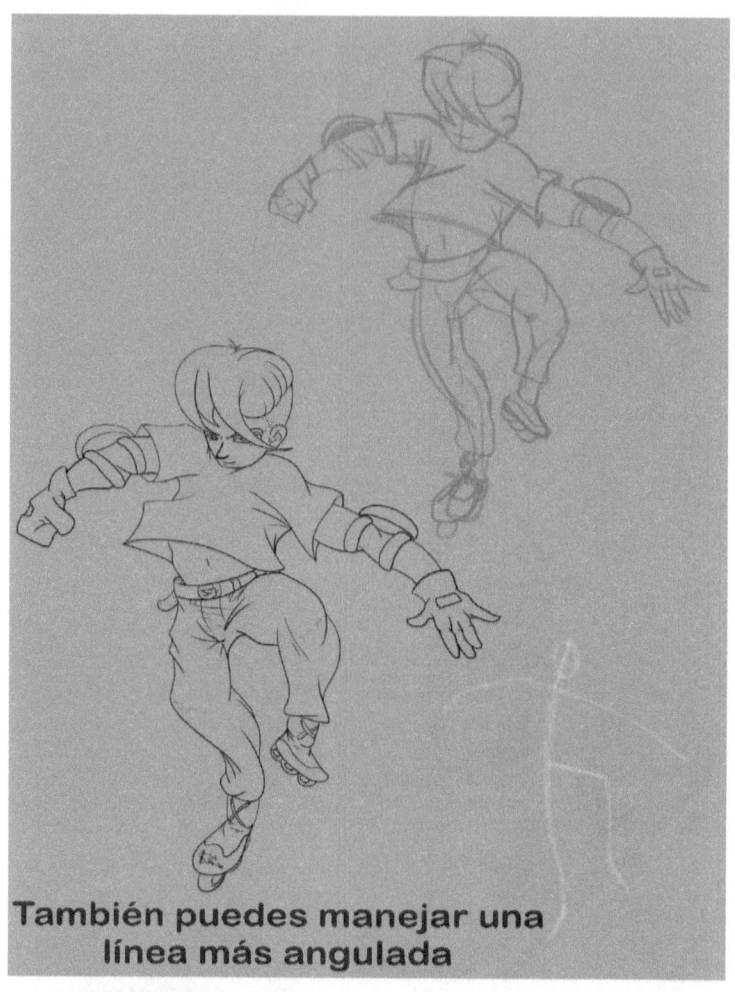

También puedes manejar una línea más angulada

Los niños también son personajes de accion, solo que la accion no implica explosiones, balaceras o sexis chicas en trajes de noche... que tal una buena tabla o patines que impliman velocidad a las acciones. Claro está, con la debida protección para que ninguno salga herido.

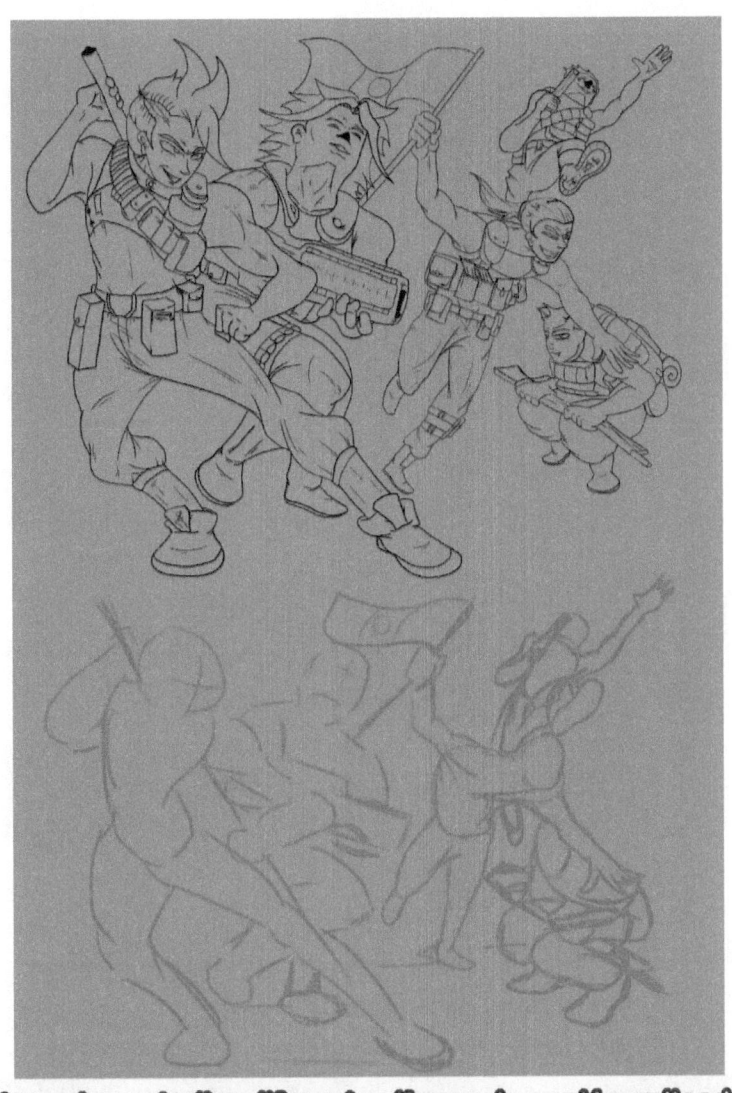

Aqui puedes estudiar diferentes líneas de acción aplicadas a un sólo dibujo. Checa los estampados o el tipo de ropa para detallar tus personajes.

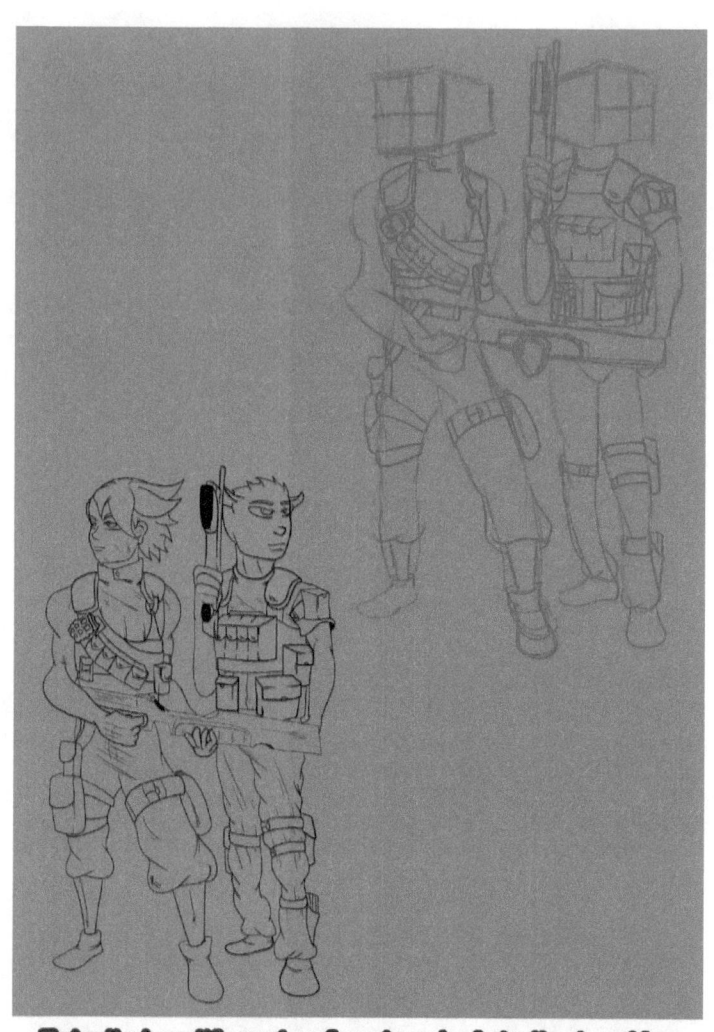

Estudia las diferentes facetas de ésta ilustración,
tanto la estructura individual como en conjunto, el dinamismo
de cada personaje y la orientación de toda la ilustración en
general y checa la diferencia entra el terminado a lápiz y
a tinta.

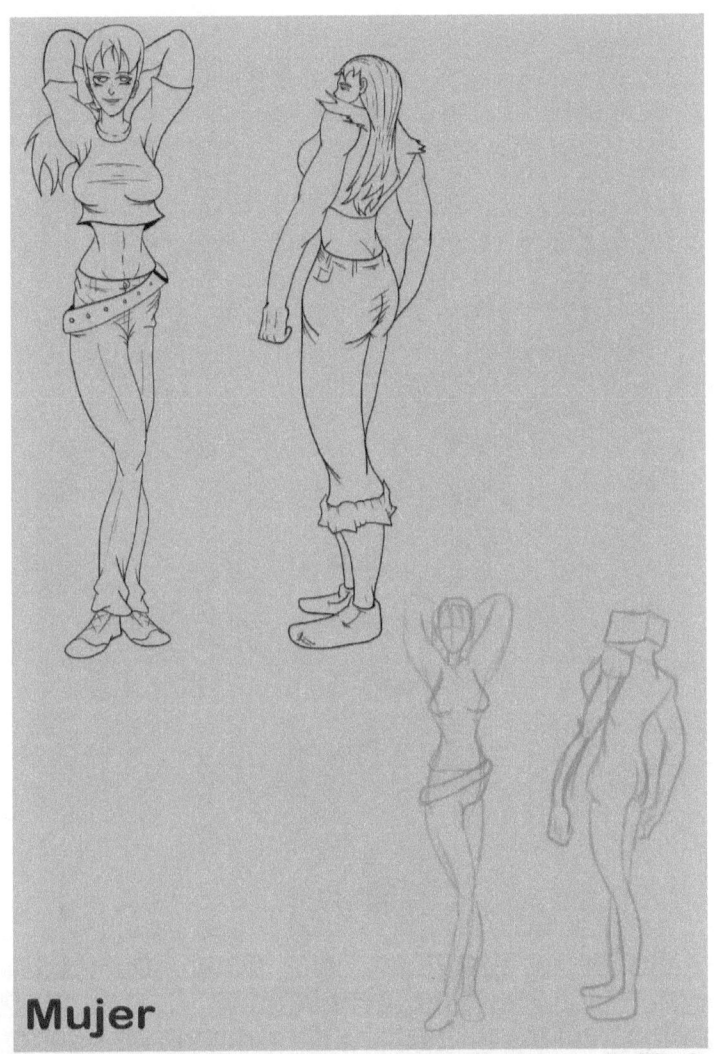

Mujer

Las mujeres se dibujan con curvas sinuosas, si dibujas la línea de movimiento curva, hace que la mujer se vea más sexy. Además, se tiene que marcar la cintura y el quiebre de cadera tan característico en las féminas.

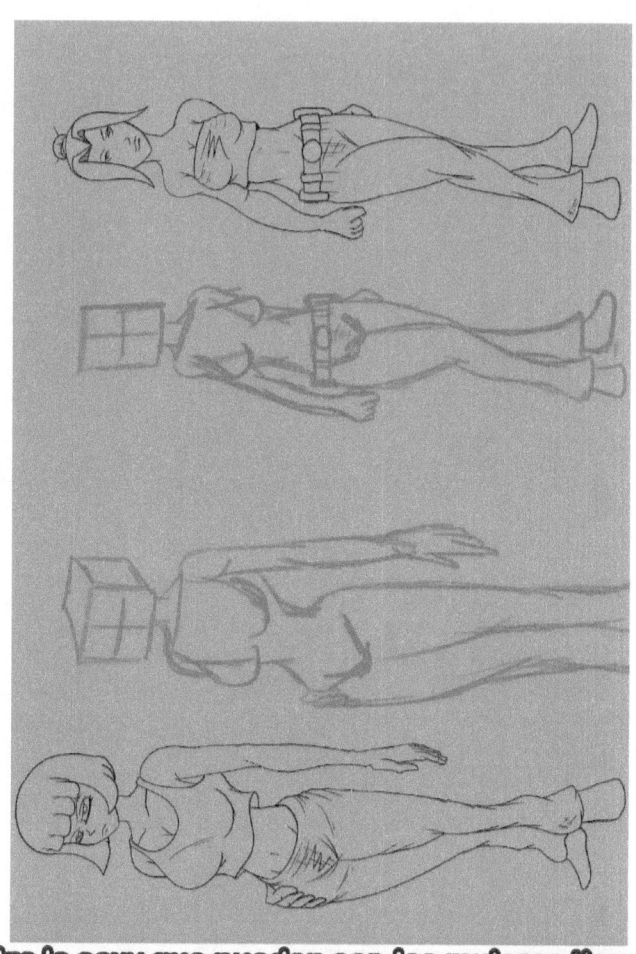

Entre lo sexy que pueden ser, las mujeres tienen personalidades diferentes: Fatales, Niñas tiernas, Heroínas, Villanas, Nerds, Chicas casuales, Etcétera.

Analicemos los diferentes tipos y su dinamica, para que tengas una gran variedad al momento de crear tus propios personajes.

20

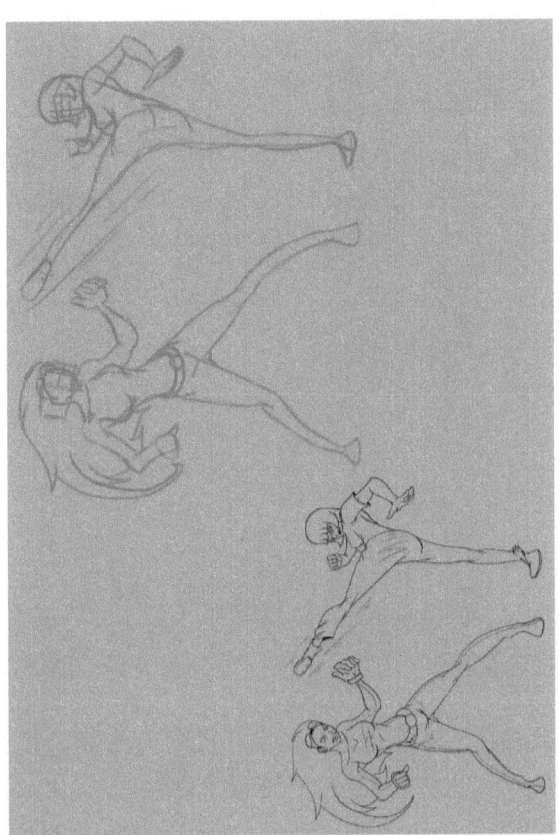

Una mujer atractiva lo será aún más si es una mujer de acción. Estudia en estos ejemplos algunas líneas dinámicas muy flexibles para una super heroína y una peleadora. Checa que aunque mantienen el porte sexy, su fuerza y carácter son más marcados.

No olvides que dependiendo de las características de los personajes, serán los detalles que los reafirmen.

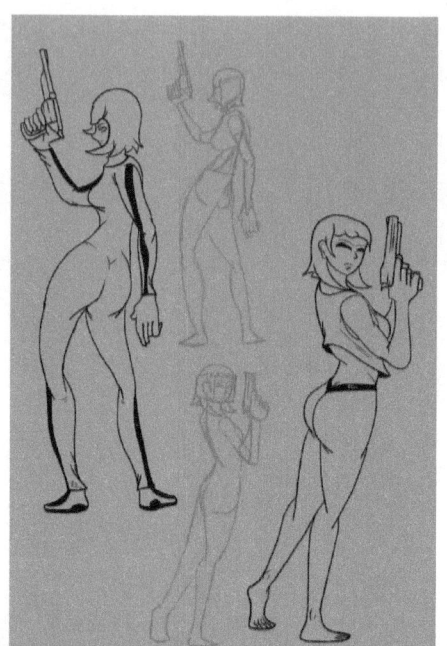

Veamos ahora algunos tipos de chicas.

Tenemos aquí dos chicas de armas, pero con marcadas diferencias entre ellas.

Por lo regular, las villanas tienen un aspecto rudo y difícil de corregir y sus facciones son más hoscas.

Las mujeres heroicas muestran en su rostro serenidad y paciencia.

Como son mujeres que están en constante acción, deben tener ropa que no estorbe, ya sea con un traje de látex o una mini blusa y ropa interior. Las mujeres de acción raramente llevan ropas holgadas.

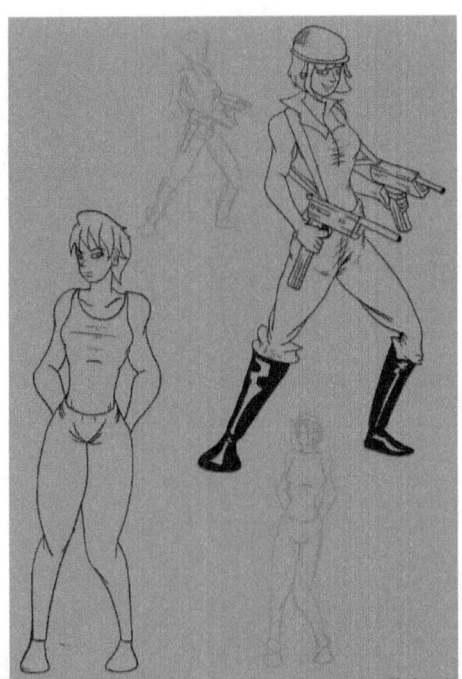

Estudiemos estos contrastes de personalidad en la mujer que se resaltan por sus acciones y ropa.

Por un lado, tenemos a una villana armada hasta los dientes. Sus rasgos son duros y siempre tiene el ceño fruncido.

Por el otro, vemos a una chica tierna, casi infantil de rasgos muy suaves, ojos grandes, ropa casual y cabello corto.

Su actitud entre tierna e inocente contrasta con las formas de su cuerpo, lo que hace que se vea muy agradable.

Observa las líneas dinámicas de ambas: una muy angulada y con mucha fuerza, la otra mucho más curva y flexible. Ten en cuenta que dependiendo de la línea dinámica que desde el principio, tu dibujo tendrá el acabado que deseas.

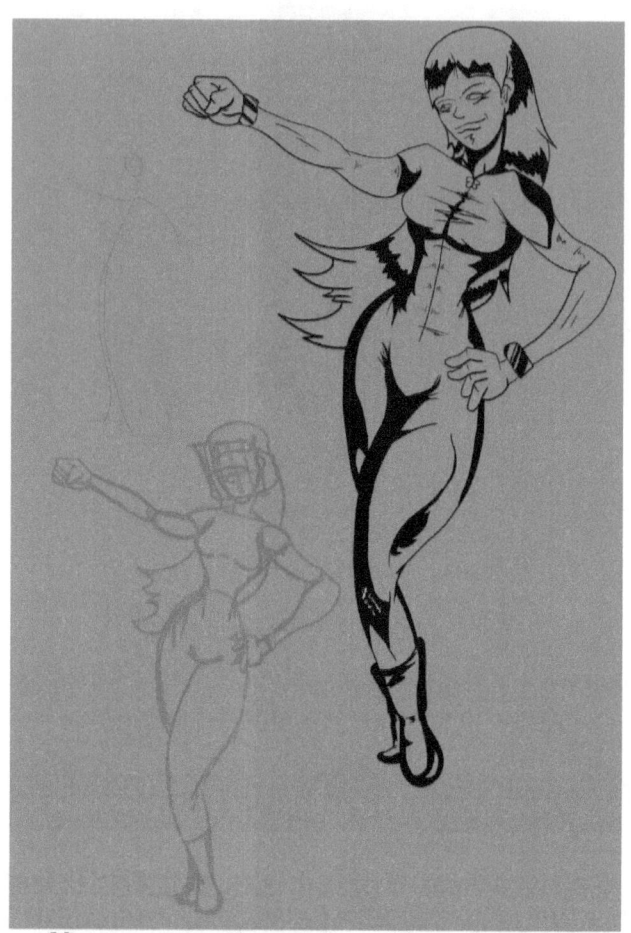

Ahora veamos tres estereotipos de mujer:

La Villana : Con una linea dinamica curva, mantiene una pose sexy, pero su rostro y actitud nos indican cuán mala puede llegar a ser. Usa ropa práctica que denote su fuerza para utilizarla cuando sea necesario.

Puede esconder toda clase de cosas en su traje.

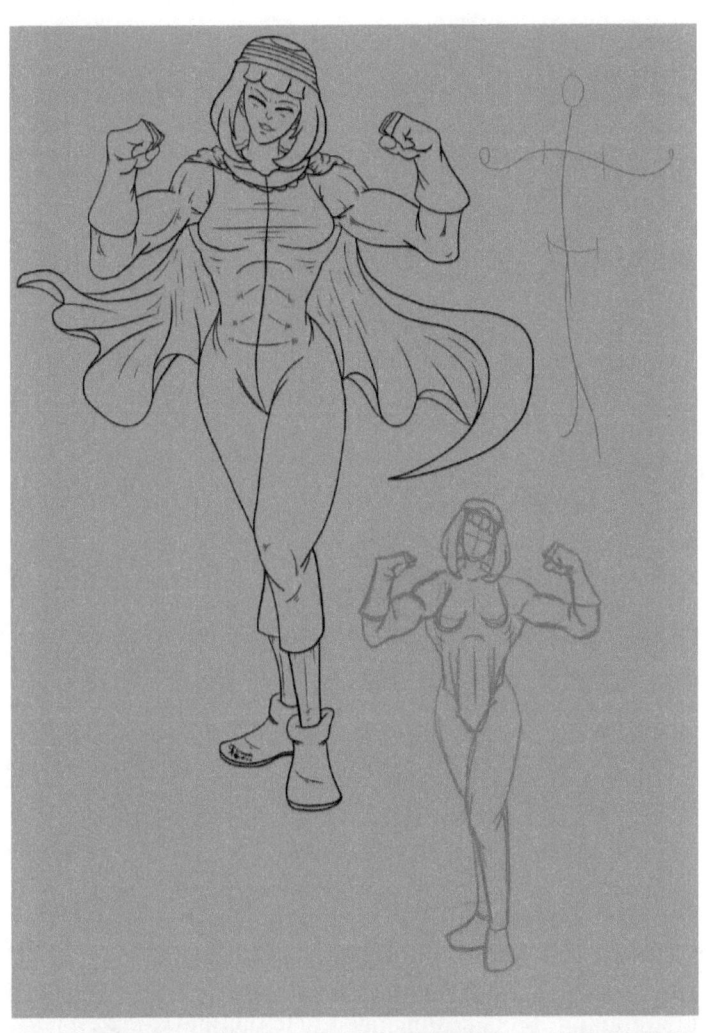

La Heroína : Con pose impresionante y rostro sereno y amable, usa una capa que denota su calidad de valentía y no utiliza nada más que su fuerza y su inteligencia para luchar contra el mal. La línea dinámica también es sexy con cierto toque de superioridad.

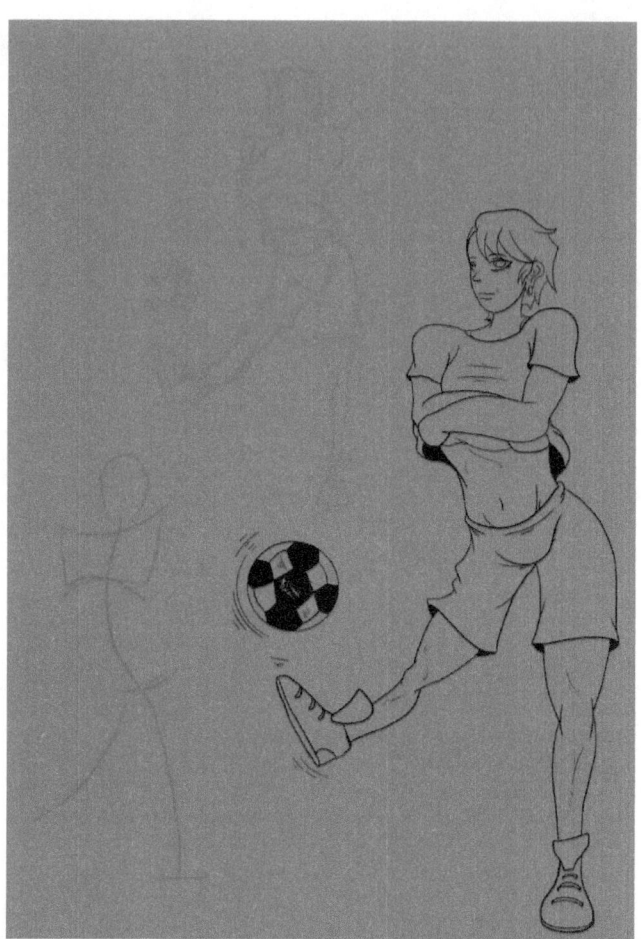

La Chica Normal : Pudríamos colocar en cualquier historia y quedaría bien, es un boceto de lo que podría llegar a ser un buen personaje. Aquí la vemos en una etapa deportirta, con su bermuda, su playera y su balon, aunque perfectamente podríamos vestirla de cualquier manera.

Estudia la línea de movimiento "estático" que nos ayuda para que, aunque la chica este parada sin hacer nada, se vea dinámica.

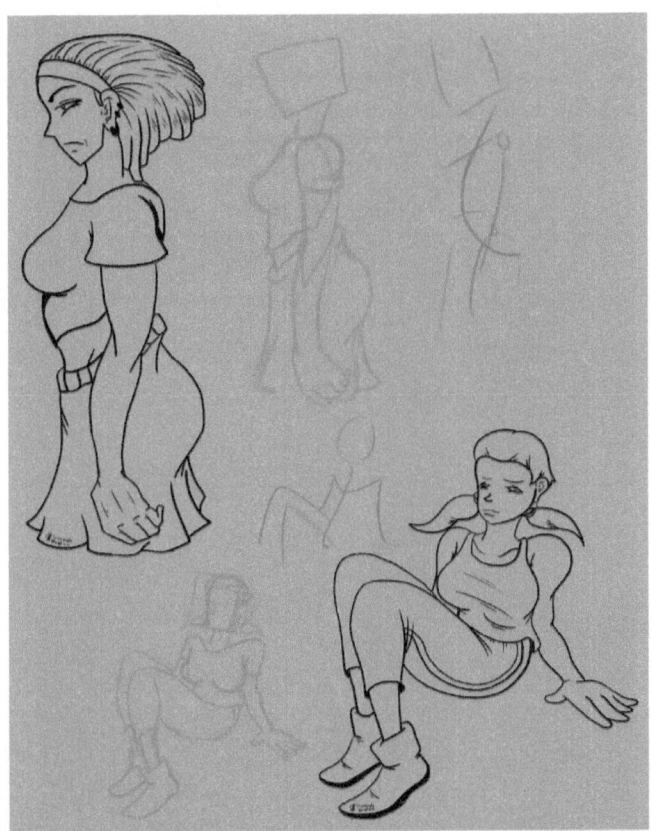

La línea de movimiento también nos marca la personalidad.
Mira estas dos actitudes diferentes y las estructuras de cada
una, como ejercicio trata de dibujar cada una de estas chicas
con la actitud de otra, es decir, dibuja a la chica de las
rastas muy pensativa y a la inversa con la otra.

Observa también los detalles en la vestimenta que refuerza
la importancia de cada personaje: Por ejemplo, la chica
rastafaria pudría ser una coprotagonista o incluso el personaje
principal de una historia. La chica sentada pudría ser una extra
o la amiga de algún protagonista.

27

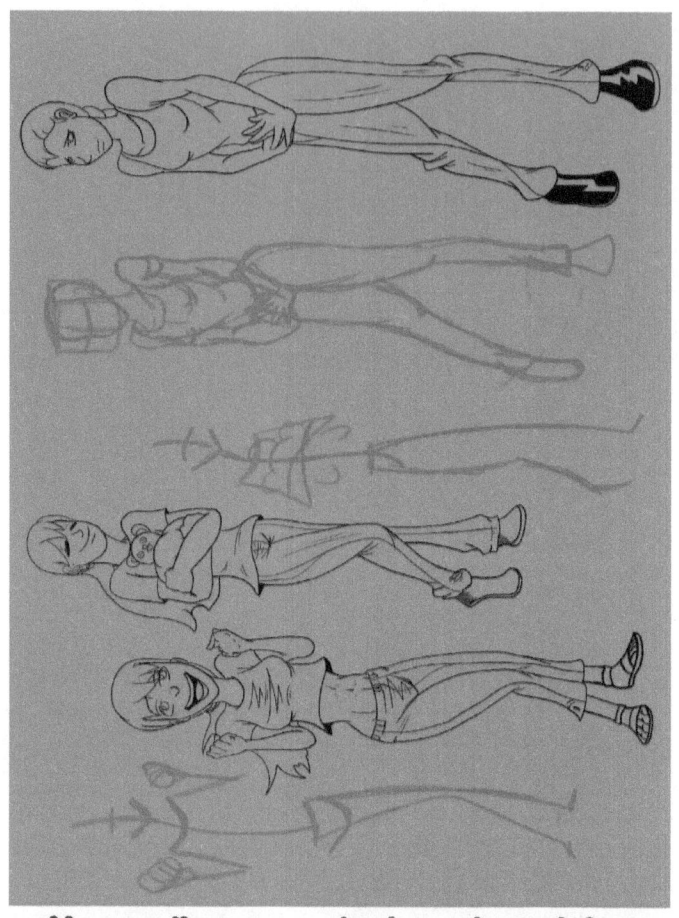

Las chicas son tiernas por naturaleza, mira aqui algunas de sus reacciones clásicas. La línea dinamica es importante no lo olvides.

Cuando diseñes un personaje, debes darle actitudes coherentes con su personalidad aunque puedes jugar con los polos opuestos, experimenta creando una chica de apariencia tierna, pero con un carácter de asesino.

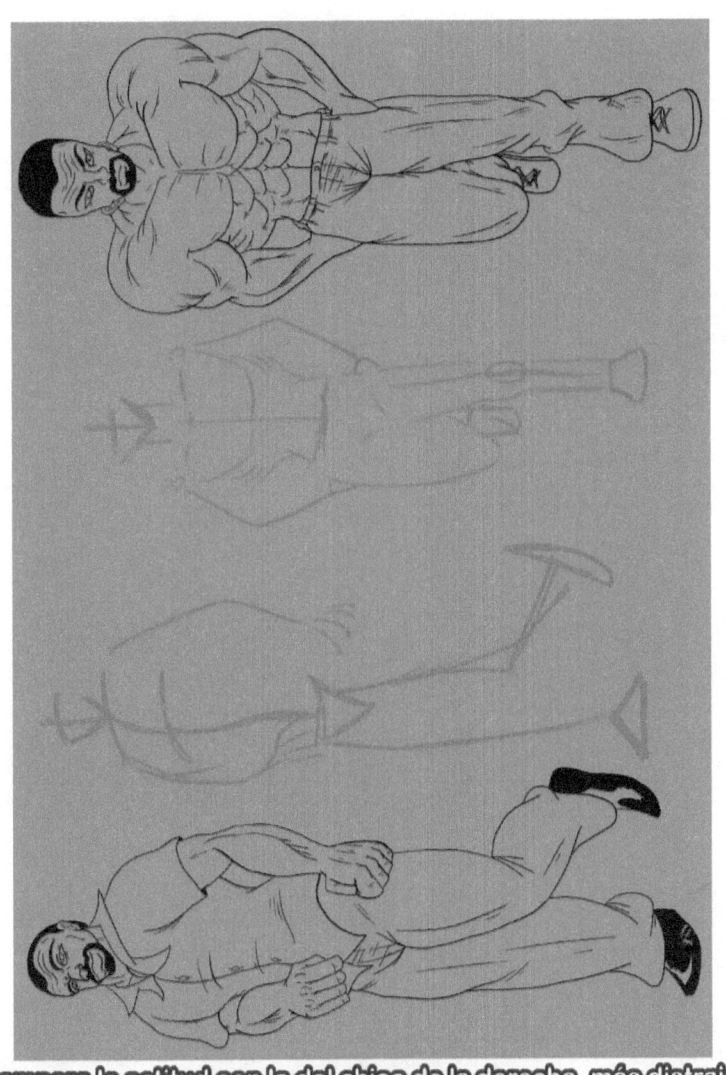

Compara la actitud con la del chico de la derecha, más distraído
y tímido, típico de un hombre.

O, al contrario, alegre y bonachón.

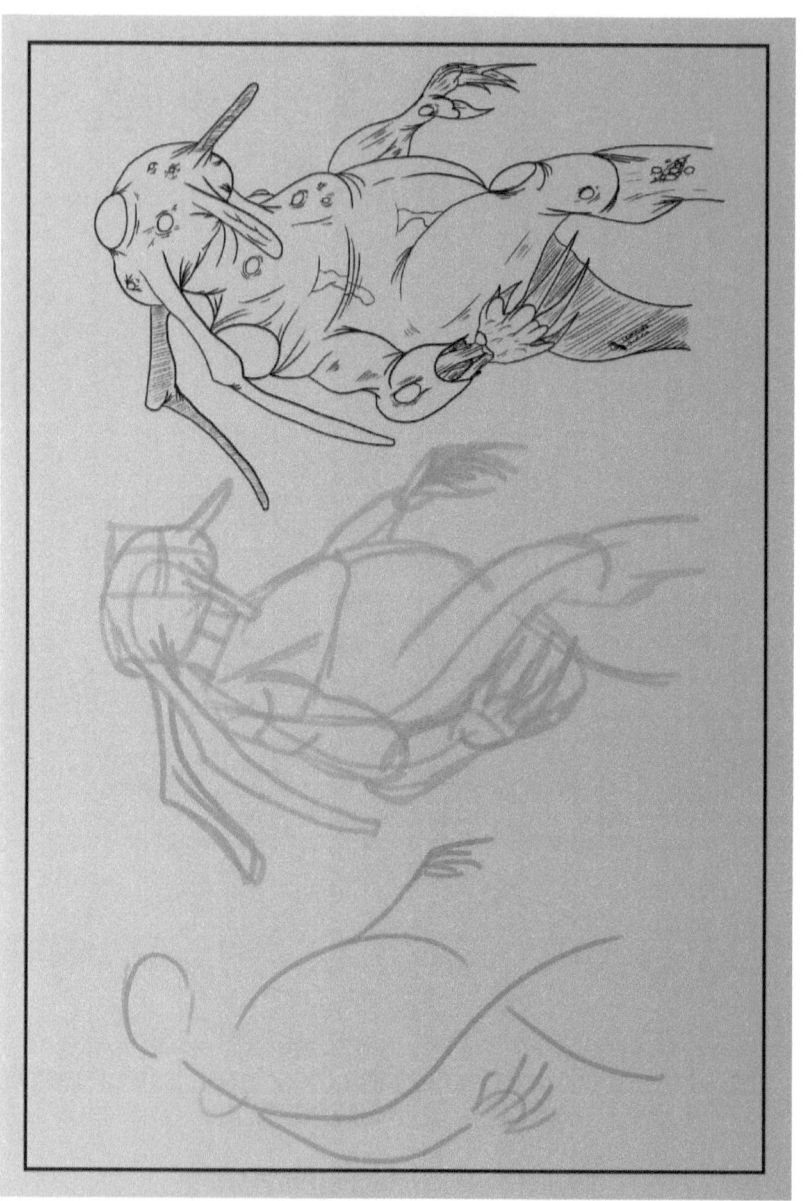

30

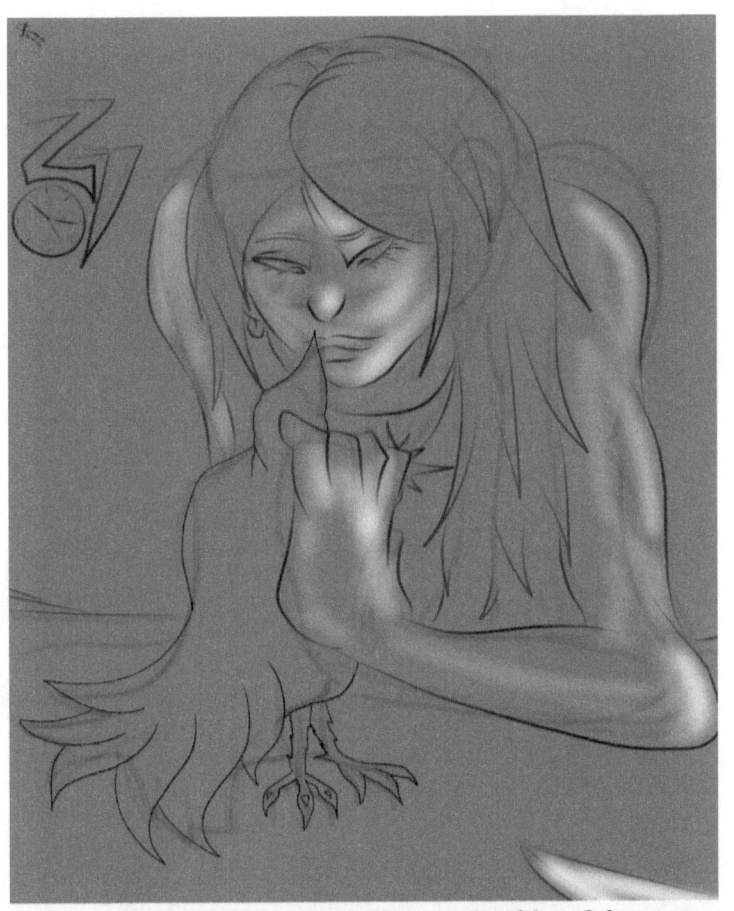

Ademas de mujeres, niños y super heroes tambien debes aprender a crear personas menos tipicas y que den mas variedad a tus historias. Deforma las proporciones reales para crear personajes gordos, flacos, deformes, etcétera.

Mira como se deforman las proporciones para formar cuerpos de diferentes tipos. Con los brazos abajo de las rodillas, piernas muy cortas o muy flacos.

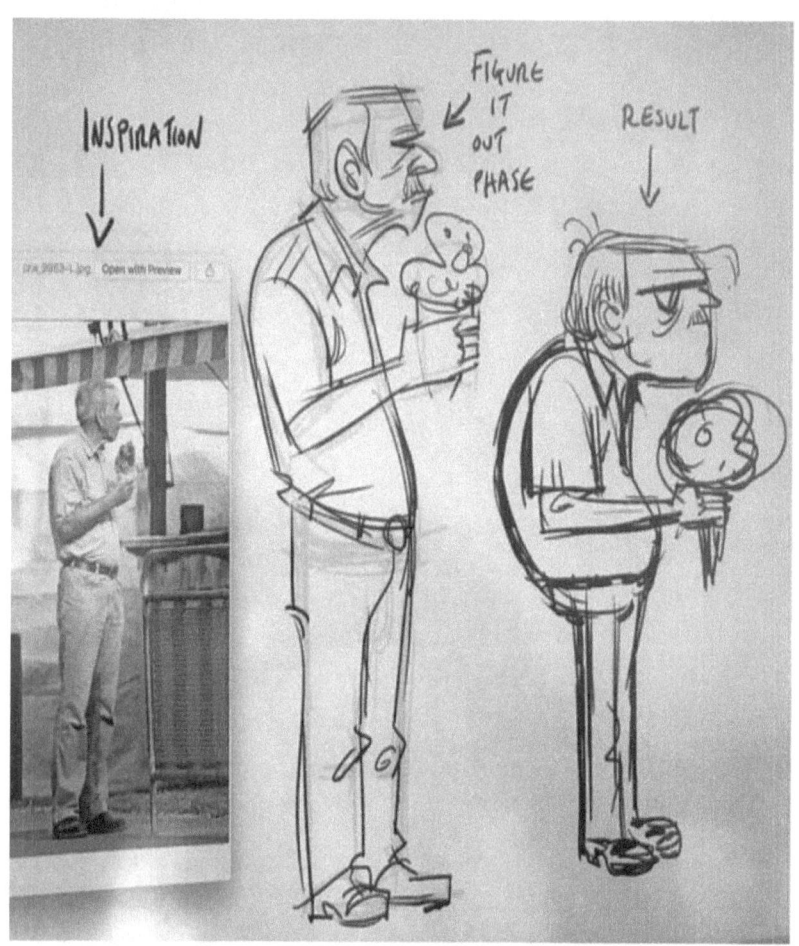

Practica las estructuras de personas de diferentes edades y complexiones.

El caminar de las personas mayores suele ser lento, tranquilo,
acompañado de su línea de movimiento que es suave, con la espalda
ligeramente encorvada por los años, observa los detalles
del rostro de la figura de arriba para dibujar una persona mayor.

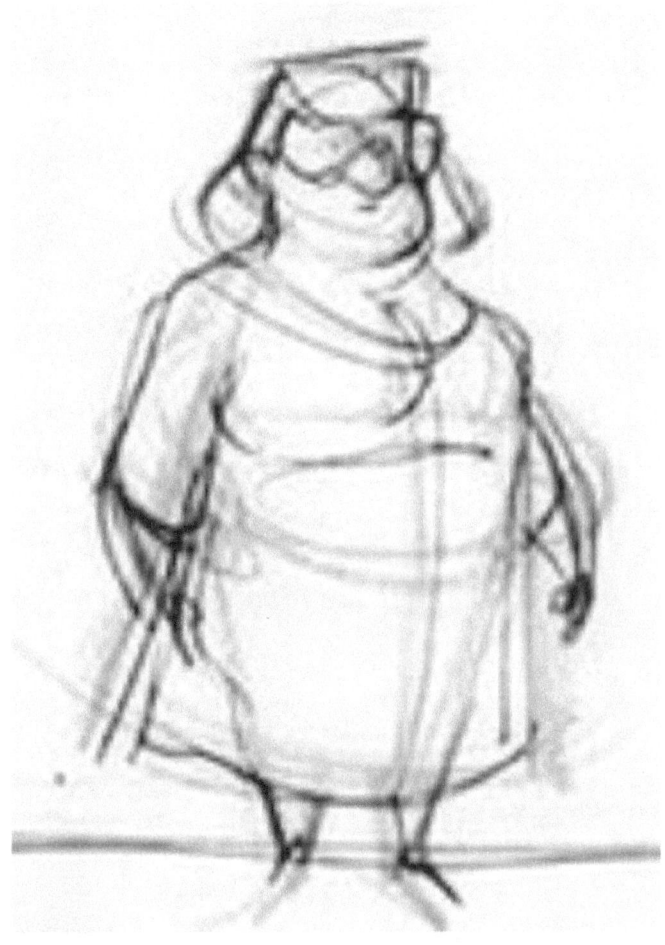

Por el contrario, una señora de vecindad es desarreglada, enojona, refunfuña por todo y tiene fuertes brazos o fuerza excesiva de tanto lavar. Los tubos en el cabello aunque opcionales son otro rasgo característico.

Mira que sus papadas son demasiado pronunciadas.

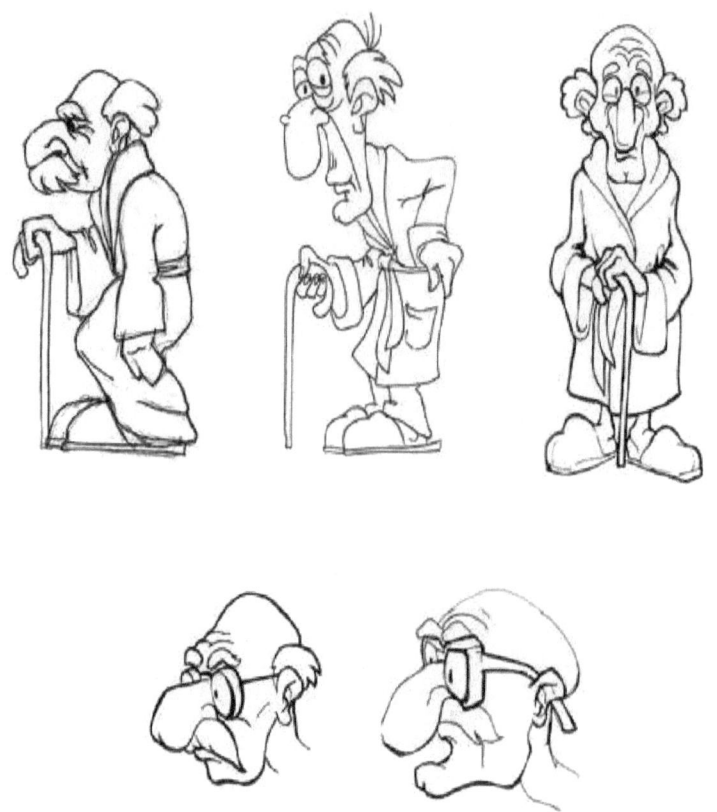

Ahora, un viejito mandón, gritandole a toda la gente y ordenandoles.

La línea dinámica también es encorvada, pero se apoya en un elemento secundario: el bastón. La falta de dientes y la sonrisa burlona nos dan una idea del tipo de persona que es.

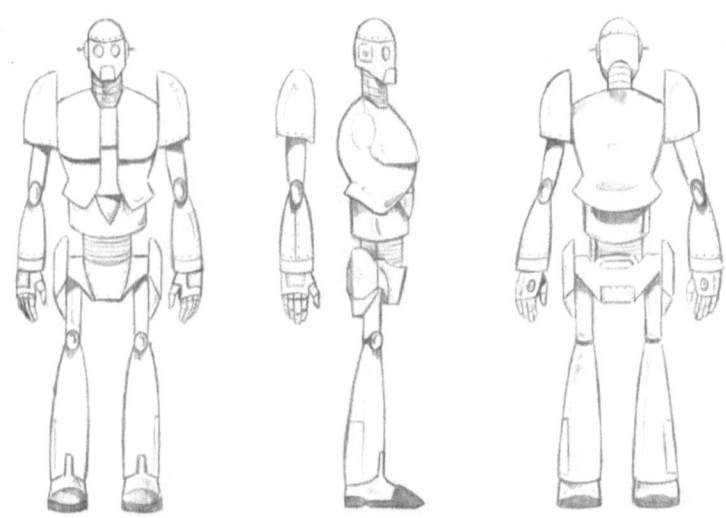

También puedes crear diseños mecánicos (o mecha).

Cuando diseñes mecha te darás cuenta de que el dibujo de la estructura básica te servirá de mucho, pues las articulaciones de un robot son como la estructura de la figura humana.

Dependiendo del diseño del mecha, podremos saber si este sirve al bien o al mal. Trata de manejar tonos rojos, y negros en los robots malignos y azules o blancos en los buenos.

Ubica en alguna parte los logotipos que identifiquen al creador o el escudo de su bando.

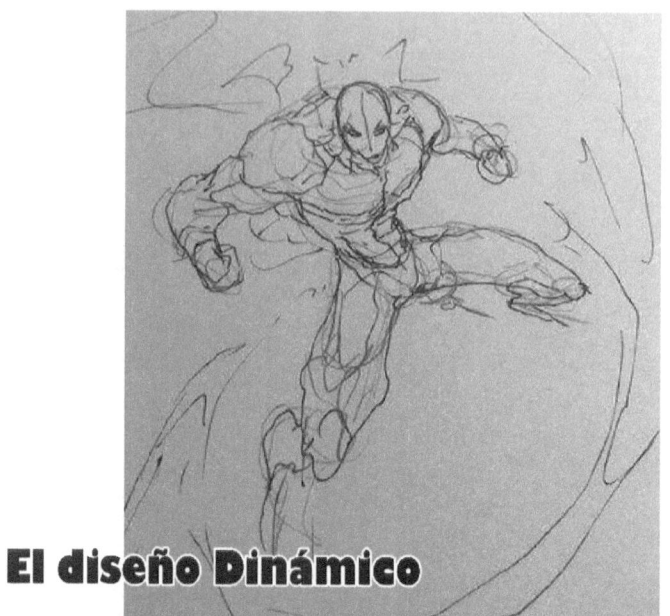

El diseño Dinámico

Para diseñar un personaje debemos manejar bien todos los aspectos del mismo, comenzando por lo escrito, que nos dará una idea de la personalidad, el aspecto, y por ultimo el genero del mismo.

Supongamos que teniendo nuestro script (definición escrita de un personaje u obra), debemos diseñar a un guardian espacial que protege un cuadrante lejano de los planetas habitados, usa un arma de fotones para calcinar a los alienigenas y siempre ayuda a los navegantes en desgracia.

Ok, lo primero es darle imagen a nuestro guardián. Debe ser un tipo raro, muy serio, pero hasta cierto punto amable, tomemos en cuenta que vive lejos de las personas, lo que lo hace una persona solitaria. Ahora... es un guardian espacial, por lo que debe tener un traje que se amolde a su anatomía para que le permita golpear a los villanos sin problemas. También debe llevar un casco. Porque tal vez nuestro personaje respira oxigeno y en el espacio abierto no hay mucho.

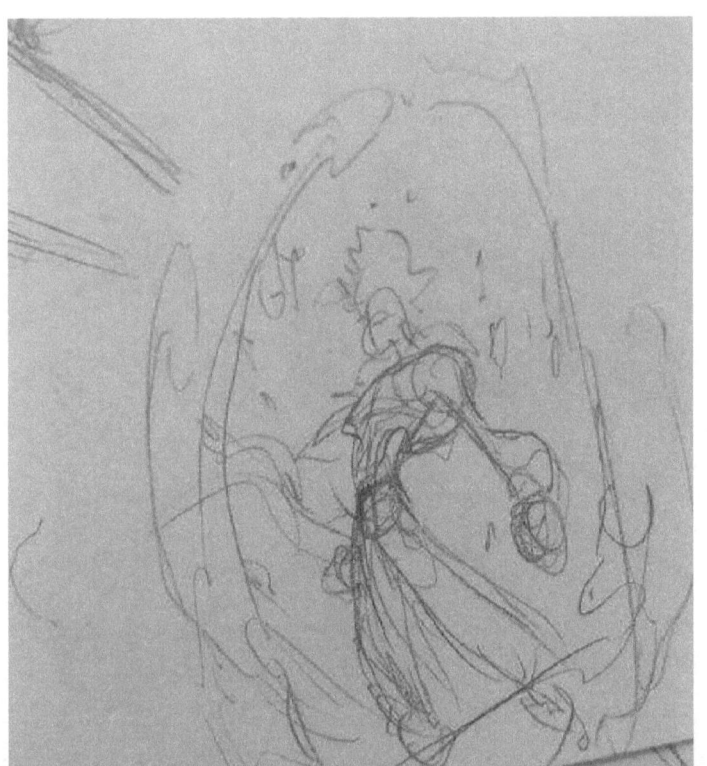

Dibuja logotipos y bandas en el traje que denoten su pertenencia a algún escuadrón especial de guerreros, o algo por el estilo.

Ahora vayamos hacia los detalles... Aparte de ser espacial, es Guardián, por lo que su porte debe ser heroico. Ayúdate con la estructura y la línea dinámica para conseguir la pose y una vez que la definas sabrás exactamente cómo debes mover a tu personaje.

Los detalles importantes como los "remaches" en la base del casco de la pierna deben sacarse del Script.

No olvides el diseño del arma, recuerda que es de fotones.

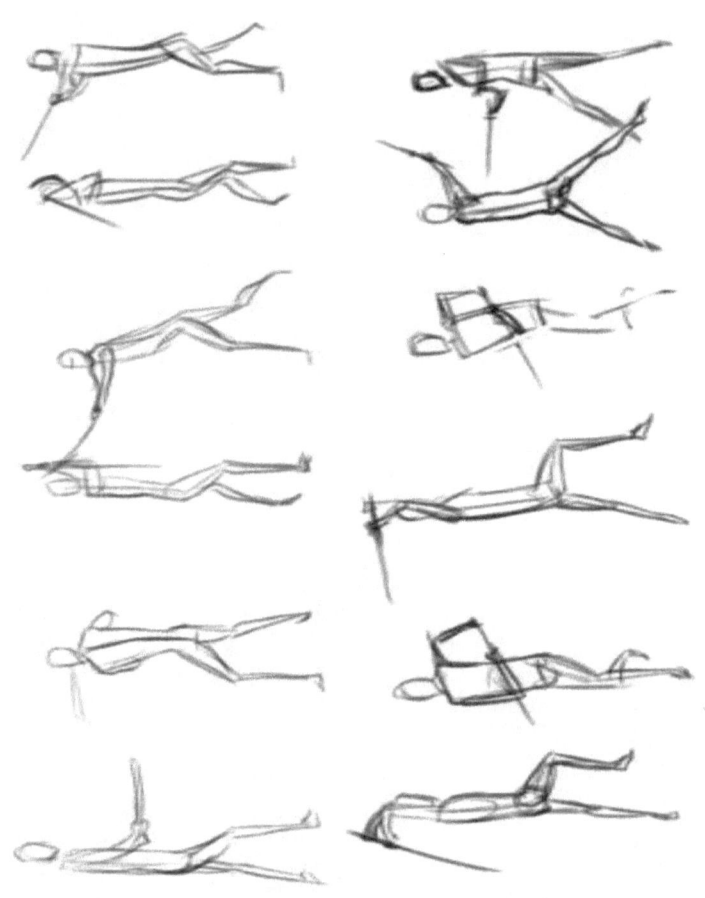

Así podemos dar vida a infinidad de personajes. Un enemigo gigante, líder de un clan que desea dominar a las colonias habitadas alrededor, por ejemplo. Recuerda que lo primero es la parte escrita y, a partir de ello, trabajamos lo gráfico, más adelante veremos el desarrollo de un héroe y de un villano. No olvides la línea dinámica y el acople de las diferentes estructuras sobre esta.

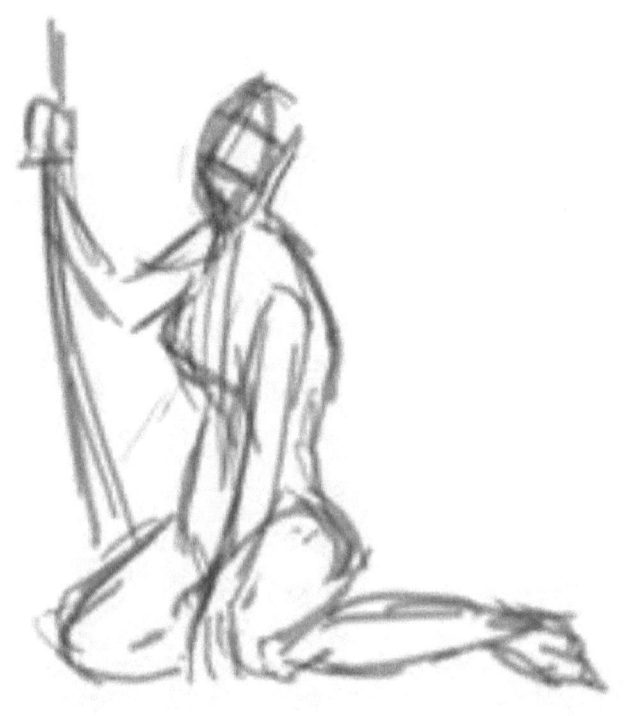

También podemos crearle algunos personajes que convivan con el en su historia. Su compañero (y patiño), el joven inexperto que desea ser como el super héroe y que tal vez en futuros capítulos se convierta en su enemigo.

El villano de la historia, un extraterrestre legendario que atrapado en el cuerpo de un niño ha bajado el nivel de su poder al grado de no poder salir de él, aunque no por ello es menos maquiavélico. Contraparte de nuestro guardian espacial, no solo desea dominar las colonias habitadas, sino al universo entero... Cuando salga del cuerpo que tiene.

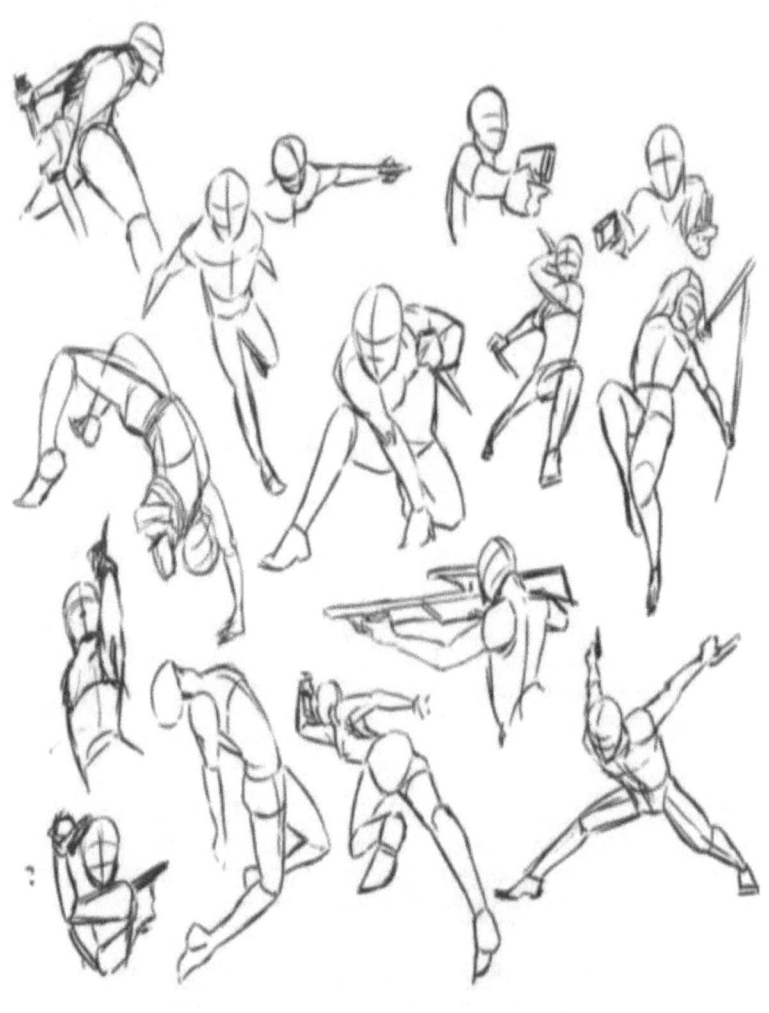

También están los demonios mercenarios que ayudan al mejor postor y son los cómicos de la serie. Pueden en uno o dos capítulos ayudar al héroe.

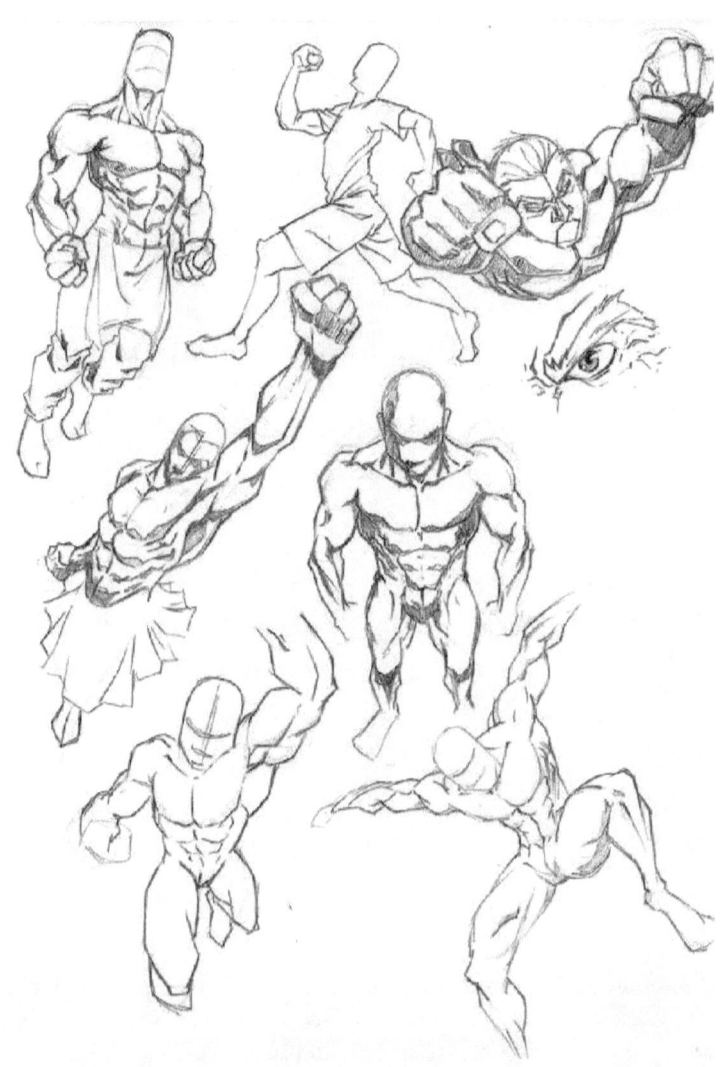

Y no puede faltar el maestro de nuestro héroe, clerigo principal de las colonias habitadas en quien todo el pueblo tiene depositada su confianza y que al final será el traidor y el mas malo de toda la historia.

41

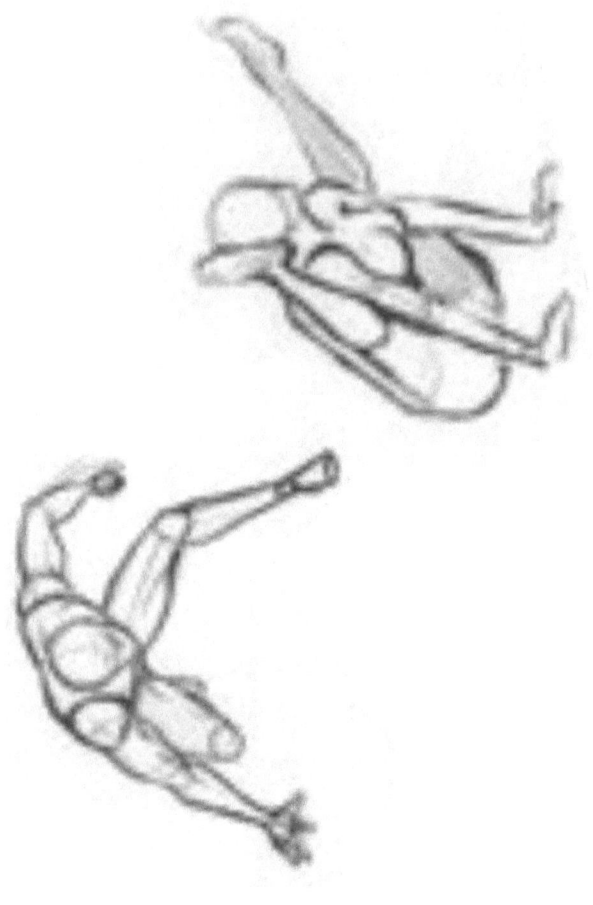

Crea también diferentes razas de criaturas como demonios o clases de extraterrestres, así incluso el jefe del escuadrón espacial no tiene que ser necesariamente humano.

Estudia las líneas de acción y las diferentes estructuras de estos personajes, practica con tus propias creaciones e inventa todo lo que desees.

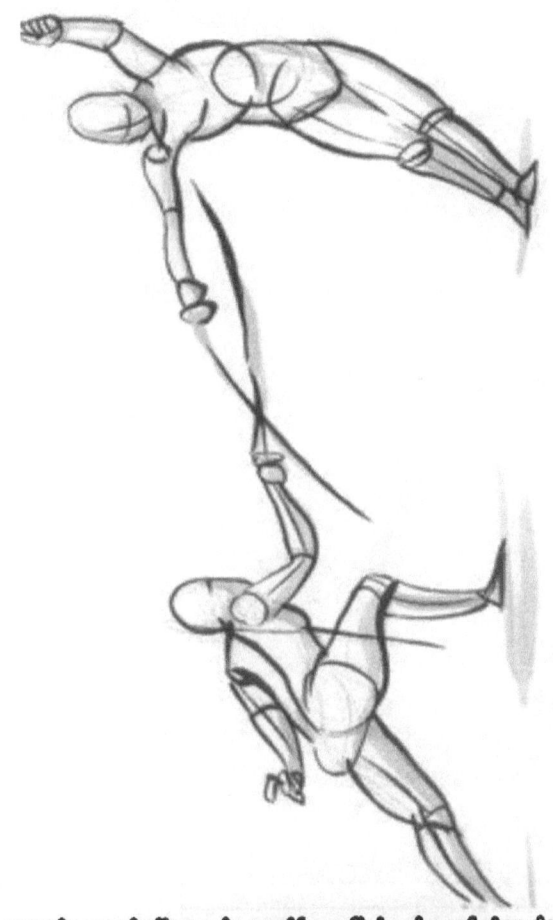

Recuerda que la línea de acción refleja el carácter de nuestro personaje, si son muy elástico, muy serios, muy fuertes, muy gordos, etcétera. Es la base de nuestro personaje, la base del dinamismo.

Y como la base, el detalle es también importante, da características únicas a nuestro personajes y los llena de vida.

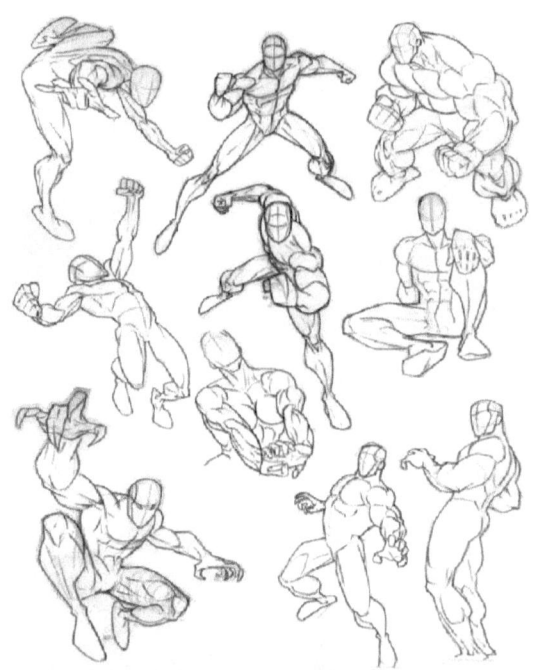

Desarrollo de un Héroe

En los comics de super héroes, el héroe es la parte mas importante. Los super héroes son el estereotipo del hombre perfecto. Guapos, Grandotes, Fuertes, Musculosos, aunque no siempre son populares.

Tienen una identidad secreta que protege a sus familiares y amigos del ataque de los malos.

Son gentiles con las damas, pero rudos con los maloras y tal vez tengan algún trauma de su infancia, se la pasan preocupándose por los demás, aunque a ellos les vaya de la patada, además están conscientes de que "un gran poder conlleva siempre una gran responsabilidad".

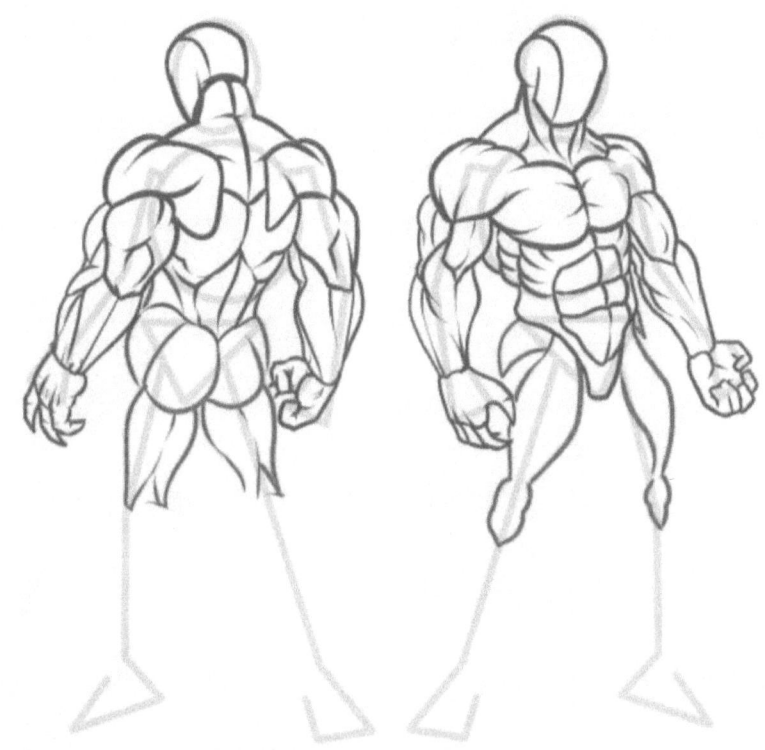

El porte del super héroe es dinámico, atlético, el físico intimida
y la velocidad sorprende, invariadamente tendrá una pose para cada
acción, es decir... pega de determinada manera, se para de determinada
manera, come de forma determinada, son el tipo de manías que todas
las personas tenemos, solo que a nivel heroico.

Es raro que sólo use las manos, por lo regular tiene un arma que le sirve
tambien de defensa, si llega a enamorarse de una mujer, o se casa
con ella o se va al extranjero o la matan, porque un héroe no puede
mantener una relación normal dada su calidad de salvador.

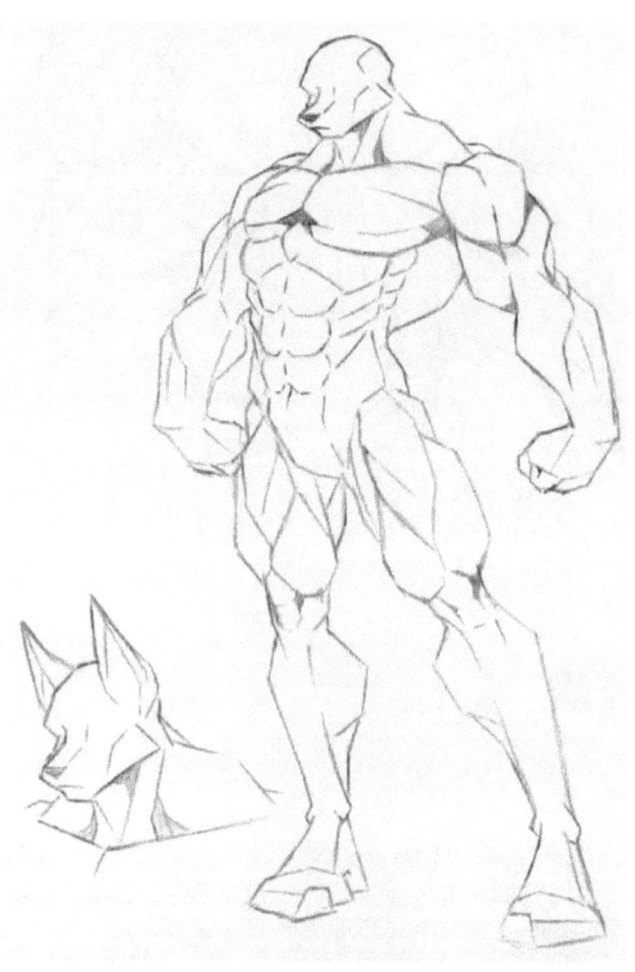

Piensa en todos los valores enaltecidos de cualquier ser humano, combinalos con un poco de psicología y tendrás a tu heroe. Un heroe que daña a las personas por tratar de hacer el bien es un Anti Heroe que es como el Héroe, pero mas Extremo... (Que contradicción, no?).

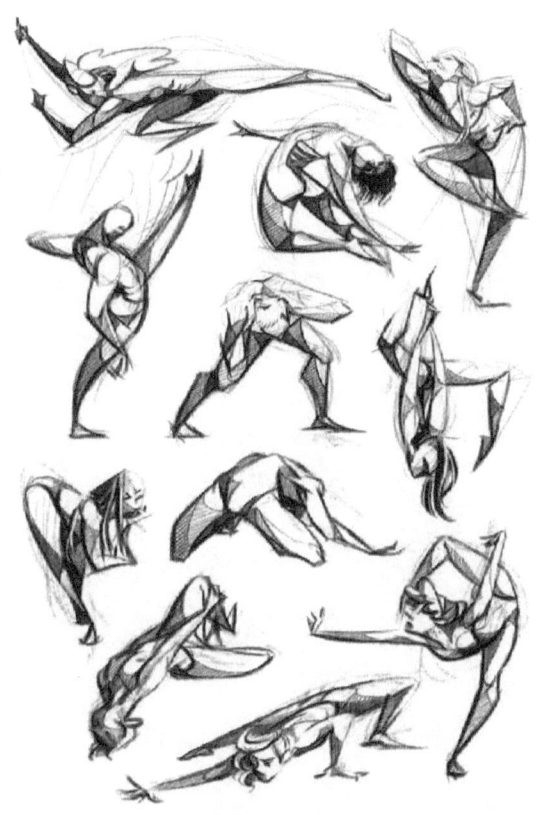

La segunda parte más importante del cómic de super heroe es...
El Villano.

No puede existir uno sin el otro, son los opuestos complementarios,
el yin y el yang, el día y la noche, se necesitan mutuamente para poder
llevar la historia.

El villano es maquiavelico, muy inteligente, malvado, su alma torturada
exige satisfacción por algún medio, ya sea la violencia, el deseo
de riqueza o poder, o el simple hecho de ver las caras de dolor
en las personas.

47

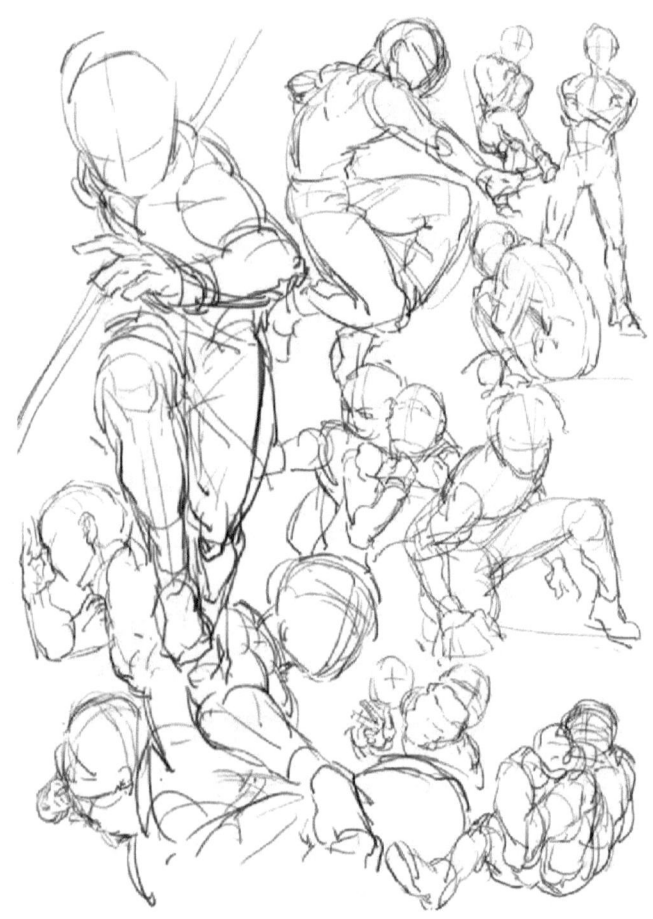

Al igual que el genero no tienen edad determinada, aunque como la característica principal del villano es la inteligencia, se dibujan casi siempre mayores, la vejez es sabiduría; Sin embargo, hay miles de excusas para que el villano sea un niño.

Aunque los uniformes militares (símbolo de la convicción y disciplina con la que llevan a cabo sus planes) son típicamente usados, un villano puede llevar en verdad cualquier tipo de ropa.

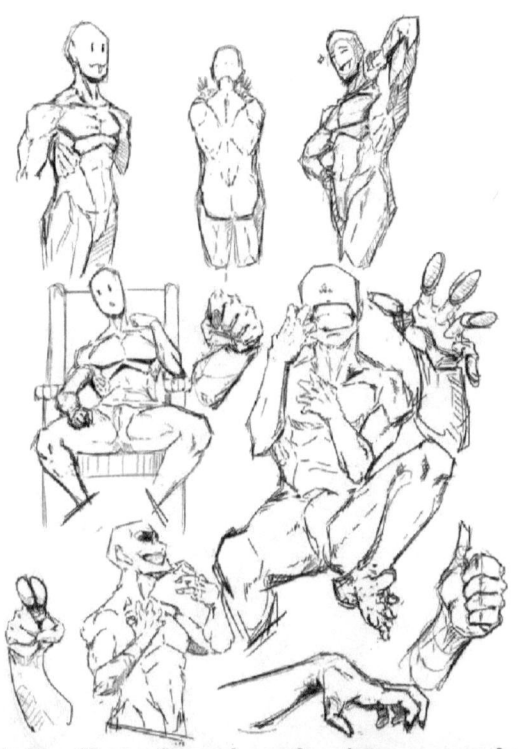

Las poses de los villanos, fuera de ser heroicas, son muchas veces decaídas, ansias al atacar y como cansados al estar de pie, dado que el héroe siempre arruina sus planes. Cuando ganan la pose es triunfal.

Es importante que desarrolles, las características de tus personajes antes de dibujarlos y que tengas muy presente qué tipo de personas son, ya que el personaje se te puede ir de las manos en tu historia sin que te des cuenta.

Estudia en todos estos ejemplos las diferencias entre el dinamismo de villanos y héroes.

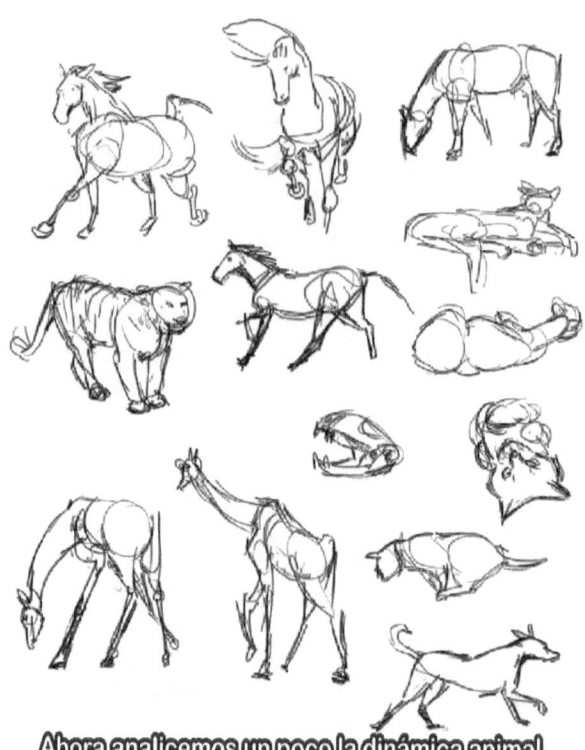

Ahora analicemos un poco la dinámica animal.

Como verás, el manejo de la línea dinámica en animales no dista mucho de cómo se maneja en humanos. La columna vertebral sigue el movimiento de la línea dinámica y el resto de la estructura se acopla a ella.

Tambien puedes dar personalidad a tus animales dependiendo del tipo de línea que escojas, aunque son más característicos los rasgos finales.

Nota: Cuando se dibujan animales siempre tienen una línea dinámica curva, nunca se deben usar rectas porque eso les resta impacto.

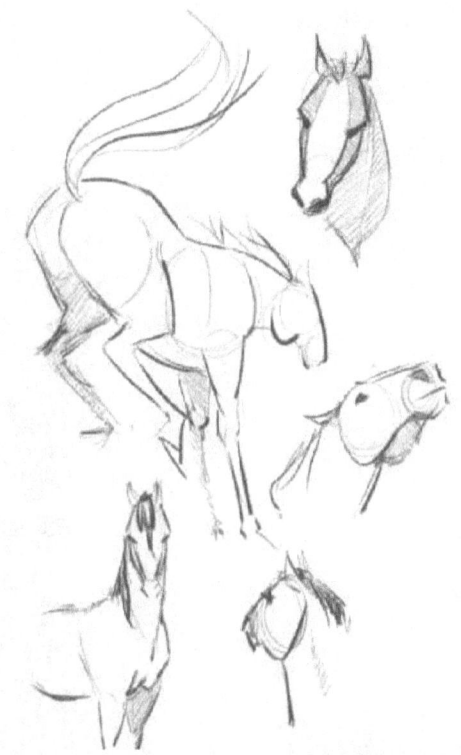

Por ultimo cuando quieres mesclar animal y humano.

Se debe observar la inmensa desproporcion sobre la estructura que hace
que nuestro personaje se vea impresionante.

Compara el tamaño de las manos, con el de la cabeza, la proporción
del tórax con respecto a las piernas, todo debe ser diseñado para que
nuestro dibujo se vea impresionante, incluso se llegan a sacrificar
algunas leyes importantes como el ancho de tobillos u otras partes
del cuerpo normal (apesar que normalmente se romperían con el peso,
o con el uso en actividades) pero la prioridad es que el personaje
se vea y se sienta muy bien.

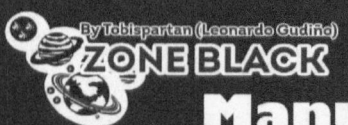

By Tobispartan (Leonardo Gudiño)
ZONE BLACK

Manual de Dibujo

Linea
Dinámica

Mas del autor:

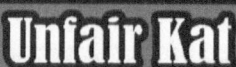

Tao del Dibujo

Manual de dibujo Dale Actitud

Manual de dibujo Graffiti

La gran Terranova

Unfair Kat

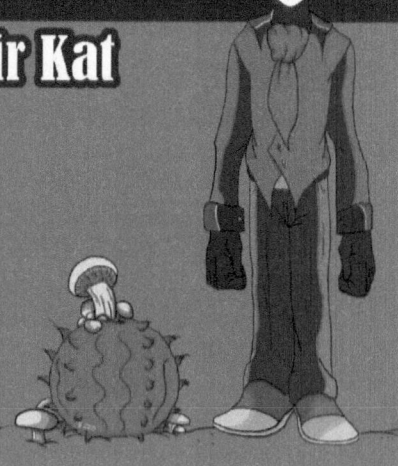